本书获2016年贵州省出版传媒事业发展专项资金资助

U0740626

皇权与铡刀
包公戏里的法文化

郭建 著

贵州出版集团
贵州教育出版社

图书在版编目(CIP)数据

皇权与铡刀：包公戏里的法文化 / 郭建著. — 贵

阳：贵州教育出版社，2018.1

ISBN 978－7－5456－1093－2

Ⅰ. ①皇… Ⅱ. ①郭… Ⅲ. ①法律－文化－研究－中

国－古代 Ⅳ. ①D909.22

中国版本图书馆 CIP 数据核字(2017)第 168250 号

皇权与铡刀：包公戏里的法文化

郭　建　著

责任编辑	程冠华　徐开玉
特约编辑	王封礼
出版发行	贵州出版集团
	贵州教育出版社
地　　址	贵阳市观山湖区会展东路 SOHO 公寓 A 座
	（电话:0851－82263049　邮编:550081）
印　　刷	北京墨阁印刷有限公司
开　　本	880mm×1230mm　1/32
印张字数	7 印张　150 千字
版次印次	2018 年 1 月第 1 版　2018 年 1 月第 1 次印刷

书　　号	ISBN 978－7－5456－1093－2
定　　价	37.00 元

如发现印、装质量问题，影响阅读，请与印刷厂联系调换。

厂址:北京市丰台区黄土岗化家大坑　电话:010－59603199　邮编:100071

包公与包公戏

在中国历史上名气最大的法官，莫过于宋代的包拯了。十几年前笔者所在学校招考研究生的时候，出了一个列举题，请考生列举所知道的古代著名法官，结果几乎所有的考生都写了一个人，那就是包拯，或者写成"包公"。

包公名气这么大，和传统戏曲有极大的关系。在各类传统戏曲里，包公故事是一个重要的题材，大凡和破案、审判有关的剧目，包公常常是"当仁不让"的主角。

那么传统戏曲里的包公形象，和作为历史人物的包拯有没有关系呢？我可以很负责地告诉诸位读者：几乎没有什么关系。

历史上的包拯

包拯（999—1062年），字希仁，庐州合肥（今属安徽）人。和传说不同的是，他有一个很圆满的家庭，有在双亲照顾呵护下成长的童年。他的父亲包令仪，字肃之，是个进士出身的高级官员。考上进士后，获得"朝散大夫"的头衔，在中央尚书省工部之下的虞部（专门管理皇帝的山泽、苑囿、宫殿的物资供应等事项的部门）当"员外郎"。虞部的长官是"郎中"，员外郎比郎中低一级，相当于副职。几经转任官职，后来曾"出帅"南京（今河南商丘），担任安抚使，主管当地军政事务。死后被朝廷追赠刑部侍郎的官衔。因此，用今天的干部级别来衡量，包拯出生于一个相当于今天正厅级官员的家庭。

包拯和他父亲一样，自幼接受儒学教育，走科举之路。宋仁宗天圣五年（1027年），包拯满29岁那年终于中了进士。朝廷已经任命他为建昌县知县，可他却以父母年老、家中无人照顾为由，没有去就职。史书上没有记载他有兄弟，而且从他考取进士不愿意出任官职来看，家里没有其他能够侍养父母的兄弟，他应该是个独子。

包拯在家一待就是10年，直至父母病逝、3年守丧完毕，他才在乡亲们的劝勉之下接受了朝廷的任命，出任天长县知县。这一年是仁宗景祐四年（1037年），他已是一个39岁的中年人了。

包拯的宦途非常顺利，除了因"失保任"（被他保荐升职的官员犯罪而受连带处罚）被降级一次以外，包拯的官阶一直向上，一步不落地按时升迁。他先是担任了10年的地方官，后来转到朝廷监察系统任职3年，主持过谏院（向皇帝进谏的机构），代理过御史中丞（朝廷监察机构御史台的主管），在这段经历中，包拯建立起自己"嫉恶如仇"的名声。弹劾了很多的朝廷重臣，包括当时的宰相宋庠、宋庠的弟弟宋祁、名臣张方平等等。

皇祐二年（1050年），宋仁宗决定任命自己宠幸的张贵妃的堂伯张尧佐为宣徽南院使、淮康军节度使、景灵宫使、同群牧制置使。后面三个官职意义不大，而宣徽使一职来源于唐代，北宋初年往往以宣徽使兼枢密使，掌握军事指挥。到了仁宗朝，这个官职已经没有实际意义，但是在朝廷礼仪上，位次仅次于宰相、枢密使，主持朝廷的朝会。包拯当时主持谏院，率领谏官上谏，认为按照宋朝惯例，后妃亲属不得担任宰相及军职，这次是皇帝恩宠贵妃过度，宰相未能及时阻止，不合祖制。在朝会时包拯出列，站在仁宗皇帝的宝座前，"反复数百言"，阻止这项任命，而且言辞激烈，以至于溅了仁宗皇帝一脸的唾沫星，直到皇帝表态，愿意将这项任命撤销为止。（宋·朱弁：《曲洧旧闻》卷一）

1056年（至和三年，九月改元嘉祐元年）阴历十二月，包拯以"龙图阁直学士"的头衔，被任命为"权知开封府事"，至嘉祐三年（1058年）阴历六月解任，实际上包拯在开封只有18个月多一点而已。在这项具有临时代理性质的任职中，包拯建立起很大的名声。他刚到开封府升堂办公，衙门里的书吏们想要检验一下包拯的能耐，故意一起围上来、捧着公文汇报事情。包拯一一听取阅读，当场处断几十起。未能了结的，几天后一一催问，没有完成的立刻严究。书吏再也不敢糊弄长官。原来民间起诉要到衙门口的书吏把持的"牌司"，包拯下令打开大门，直接由自己受理案件。包拯在开封任职期间还整治了汴河沿岸的违章建筑，执法不避权臣。

包拯的个人人品绝对无可指摘。他为官廉洁，六亲不认，"故人亲党皆绝之"，断绝了一切私人亲朋关系。为人极其严肃，史称他"不苟言笑"，开封民众称包拯"笑比黄河清"，他也自诩"未尝伪色辞以悦人"。他也极其节俭，做再大的官，"奉己俭约如布衣"。

后来包拯主要担任财政系统的官职，先后当了4任转运使（地方最高财政长官），最后被任命为三司使。三司使这个官职是北宋特创的，号为"计相"，主管财政审计，朝廷地位仅次于宰执（宰相和枢密院首脑）。不过在担任三司使期间，包拯也难免官场尴尬。当时河北清退上万名老兵，退役老兵们嫌朝廷赏赐过少，酝酿兵变。尤其是有个名叫张玉的老兵，认为是三司使"爱惜赏给"，还冲进了三司衙门大骂包拯。包拯将张玉交给医生诊验，医生认为张玉患有"心疾"（精神有毛病）。可是张玉被逮送到殿前司（军事指挥机构）审讯时，殿前司认为他是装疯卖傻，并无"心疾"。皇帝专门下令，要开封府审理此案，定罪张玉"骄悖、凌辱大臣"，要处以"杖杀"。同时揭发出酝酿兵变的一些士兵，判处斩首2人，刺配3人。奇怪的是，在整个案件审理过程中，包拯一直禁止三司官吏到庭作证。最后是宋仁宗下诏，包拯才放人作证。（《续资治通鉴长编》嘉祐四年七月甲辰）

包拯最后的结局是进入"宰执"之列。宋仁宗在1060年任命包拯为枢密副使，包拯开始正式进入朝廷的决策班子。可是这时包拯的身体却开始变差，枢密副使一职他基本没有到任，拖了一年多时间就去世了。

包拯的个人家庭生活很平淡。他娶妻董氏，也是官宦之家出身。长子包繶，出任潭州通判，死于任上。包公中年丧子，伤心欲绝。包繶已经成婚，没有孩子，包繶的妻子崔氏不顾包拯的劝导和母亲的威逼，坚持要在包家守寡。在包拯死后，崔氏听说当年被包拯赶出家门的一个包拯的小妾，在回娘家后曾生育一子。于是崔氏将那个孩子接回包家，取名包綖，作为包拯的后代。

被拔高的法官形象

在中国历史长河中，曾经有过很多著名的法官，在权贵甚至是皇帝的威迫之下，依然执法如山，维护法律的尊严。

也有很多法官善于裁决疑难案件，实现公平与正义。侦破迷案在今天的社会里是属于刑事侦查部门、公诉部门的职能，在古代却是很多著名法官的典型事例。各地官府衙门大堂之上经常挂着的"明察秋毫"的匾额，很明显地说明法官"发现"犯罪的职责。对于法官能力的评价突出的是破案能力，如五代人和凝父子的《疑狱集》选编的66个案例，有四分之三的案例是破案故事。南宋人郑克《折狱龟鉴》选编了375个案例，破案故事的比例也有这么高。

以执法如山、裁决疑难、侦破迷案这三项标准来衡量包拯，那么在历史记载中的包拯，一点都不能算是一个著名法官。

就第一项来说，历史上有西汉的张释之、隋代的赵绰和唐代的戴胄、徐有功等著名法官，敢于对抗皇帝对于案件判决的旨意，激烈劝谏皇帝遵守法律。而在历史记载里，包拯从来没有过这样的事例。前面提到包拯劝谏宋仁宗放弃任命张尧佐的事例，并非执法审判之争。

就裁决疑难案件这一项来说，包拯也没有很著名的事例。与他有关的唯一一件重大案件，是他作为监察官参与审理"冷清自称皇子案"。北宋皇祐二年（1050年），开封城里有个叫冷清的年轻人，自称"皇子"。冷清的母亲王氏是从宫廷里放出的宫女，也确实与宋仁宗发生过关系（宋仁宗与之发生过关系的宫女都赐予"龙凤抱肚"以为验证）。不过王氏出宫后嫁人，在生育了一个女儿后，才生下冷清，因此完全可以排除冷清与皇室的任何血缘关系。冷清长大后不务正业，听说宋仁宗长期未能得子，和道士高继安合谋，到京城伪装皇子。当冷清被抓进开封府后，高继安又指使他装疯卖傻，逃脱罪责。包拯向宋仁宗报告，请求立即将冷清和高继安斩首示众。宋仁宗几经犹豫，还是接受了包拯的建议。这个案件事涉皇室，但是疑难程度并不大。

民间传说中智慧无比、擅长破解无头案件的包拯，在比较靠谱的文献记载里，实际上只有三个破案记录。

第一个是"智断牛舌案"，记载于南宋人郑克编写的《折狱龟鉴》（后被《宋史·包拯传》吸收）。包拯初任官职，担任天长知县。本县有个农民和邻居有过节，夜里偷偷地把邻居的耕牛舌头给割了。耕牛主人到县衙报案，包拯叫那农民赶紧回去，大白天就把牛杀了，割下牛肉发卖。按照宋朝法律规定，私宰耕牛是要判徒刑的重罪，而举报者则有赏。坏邻居第二天立即就去举报那个农民"私宰耕牛"。包拯把那告发者召进来，开口便问："你为何偷割了人家的牛舌，又跑来告人家私宰耕牛？"那人被包拯说中心事，目瞪口呆，赶紧下跪认罪求饶。

第二个案件与此相似，记载于北宋人吴奎撰写的包拯墓志铭。开封有两个朋友一起喝酒，其中一个带了几两金子，怕自己喝醉酒遗落金子，在喝酒前先把金子交给对方替自己保管。可等他过完了一醉方休的酒瘾，第二天去朋友家讨回金子时，却遭酒友否认。那人无奈，来到开封府告状。包拯听了双方的陈述，暗中派人去被告家，对被告的妻子说："你丈夫已经承认昨天代朋友保管过金子，现在叫你交出来。"被告妻子信以为真，交出了金子。包拯把派去的人带回来的金子当堂出示，被告只得认罪。

第三个案件，记载于北宋人沈括的著作《梦溪笔谈》，却是一件包公被手下书吏算计的案例。有个犯罪的富户，按照法律要被判处脊杖（专门责打罪人背脊，要打出血印，俗称"背花"的刑罚）。富户送了一个书吏一大笔钱财。书吏说："包公判案，没有办法求情，只好我也陪你挨一顿打吧。"第二天富户在堂上哭闹不停，那书吏正坐在包公案下记录供词，突然装出一副气恼的样子，大吼一声："男子汉大丈夫，怎么这么没出息，最多只是挨几下脊杖的事情，有什么了不起！"包公闻声大怒，立即要衙役将这书吏拖下去责打臀杖十七下（只责打臀部的刑罚）。回过头来处治这个富户，可是如果真的照旧判罚脊杖，恰被那书吏说中，有损长官的面子。于是包拯改为从轻判处，也是臀杖一顿。想不到这却恰好被书吏猜中，实现为富户减轻处罚的目的。

在宋代官员士大夫的心目中，包公并不是一个能够智破疑案的著名法官。比如上述南宋人郑克编写的《折狱龟鉴》一书，收录了156位宋代法官的207个破案故事（有些破案故事没有提到法官的姓名），包拯破案故事收录了上述的"智断牛舌案"和被手下书吏算计这两个。而该书收录的和包拯一样有两件破案事迹的宋代法官有35人之多，还有7位法官各被收录了3件以上的破案事迹，其中张咏一个人有7个案例入选。

因此包公的法官名声，并不是历史事实，而是在民间传说以及文艺作品中被不断塑造拔高的结果。

幸运的包公

当年胡适在《三侠五义》印行本所作序言里说，历史上有一些"有福"之人，本人实际事迹并不怎样，却在民间传说中被戴上了光环，影响力越放越大。他举的例子就是包公："包龙图——包拯——也是一个箭垛式的人物。古来有许多精巧的折狱故事，或载在史书，或流传民间，一般人不知道他们的来历，这些故事遂容易堆在一两个人身上。在这些侦探式的清官中，民间的传说不知道怎样选出了宋朝的包拯来做一个箭垛，把许多折狱的奇案都射在他身上。"

那么包公的这种幸运究竟来自于何方？难道仅仅只能归于"福气"或"运气"吗？这样的解释未免有点牵强。

实际上包拯事迹被传奇化，首先是因为政治因素。包拯所处的宋仁宗时代，是北宋历史上社会最平稳的时代，被以后的人们追记为一个"盛世"。包拯得益于人们对于这个时代的追忆，并成为这个时代的象征。

单被记忆，远不足成为传奇。要成为传奇，还必须有一个"传奇催化"的环境。北宋都城汴梁——开封府，是历史上少有的由商业城市转化而来的京城。从唐代开始，随着南方经济的发展，位于当时南北交通运输线干道的汴梁迅速成为商业大城市，梁晋汉周都在此建都，北宋沿袭作为都城，长期繁荣二百多年。城市人口达到上百万，有着繁荣的市民文化。

商业大城市存在有数量巨大、居住集中、有闲暇的市民受众，就成为说唱艺术的肥沃土壤。而说唱艺术中的故事，最能吸引受众的，是广为人知的近当代人物。历任开封府官员受制于朝廷大官僚们的掣肘，大多敷衍塞责，浑浑噩噩，反衬出包公的敢作敢当，"明不可欺，刚不可挠"。这样包公就成为说唱艺术故事的主角，被一代一代的民间艺人们口口相传，不断加工。

北宋灭亡后作为对北宋盛世的纪念，包拯的传奇在原来的宋朝都城开封以及南宋首都临安（今天的杭州）继续流传，和历史上的包拯的关系也越来越远。南宋开始有文人将民间说唱艺术记载下来，这种"话本小说"的主角之一，就是包公。流传到今天的还有《合同文字记》和《三现身包龙图断冤》。

包公戏的源流

北宋以后，在被少数民族皇朝长期统治的北方地区，包拯故事作为对汉族皇朝的民间记忆，以及对于现实政治的批评，进一步在民间扩大影响。尤其是汉族士大夫在少数民族皇朝统治期间无法得到原有的政治权力，很多汉族士大夫抱着对少数民族皇朝的批判立场，通过对民间说唱包公故事的艺术加工，来影射他们所处的现实社会，回顾汉族皇朝。这样一来就形成了专门的包公戏剧目。

元代是中国戏剧艺术大发展的时期，元杂剧的名目约有六七百种，其中关于包公的剧目有25种，是目前已知的元杂剧剧目中最多的个人故事剧目。不过大多数元杂剧剧本都没有能够保存至今，目前能看到的剧本只有162种，其中包公戏的剧本就有《包待制陈州粜米》（无名氏）、《包龙图智赚合同文字》（无名氏）、《神奴儿大闹开封府》（无名氏）、《包待制三勘蝴蝶梦》（关汉卿）、《包待制智斩鲁斋郎》（关汉卿）、《包待制智勘后庭花》（郑廷玉）、《包待制智勘灰栏记》（李潜夫）、《王月英元夜留鞋记》（曾瑞）、《玎玎珰珰盆儿鬼》（无名氏）、《包待制智赚生金阁》（武汉臣）、《鲠直张千替杀妻》（无名氏）等11种。

明代的包公戏，没有元代那样兴盛，现在有目可查的有8种，保留到今天的剧本有《胭脂记》（童养中）、《袁文正还魂记》（欣欣客）、《桃符记》（沈璟）、《高文举珍珠记》（无名氏）、《观音鱼篮记》（无名氏）等5种。

清代包公戏保存有9个剧目，现存其中《乾坤啸》（朱佐朝）、《双钉案》（一名《钓金龟》，唐英）、《正昭阳》

（石子斐）三个剧目的剧本。

清末民初是包公戏的爆发时期，出现了大量的包公戏剧目，至今仍然在各种地方戏曲中上演的包公戏就有几十种，其中的《狸猫换太子》《秦香莲》《乌盆记》《铡包勉》《赤桑镇》《铡判官》《打龙袍》《打銮驾》《黑驴告状》《双包案》《花蝴蝶》等剧目真可谓是家喻户晓，常演不衰。

包公戏的演化

包公戏的传播及故事演变有着很鲜明的特色，从法律文化的角度来观察，有以下四个方面值得注意。

首先，戏剧故事本身的传承性不强。

元代的11个包公戏剧目，到了近代，剧本经过改编、依然经常演出的只有《乌盆记》一出。明清两代的包公戏剧目，保留到晚清民国继续演出的只有《双钉案》（《钓金龟》）、《高文举珍珠记》等极其有限的几部。也就是说每一代的包公戏创作并不是在前一代剧作基础上进行的。这一方面可能是由于文人不屑于重复改编，另一方面更可能是因为戏曲创作具有浓重的草根性质，后代不识字的优伶戏班难以直接排演文人创作的唱词对白较为古雅的剧目。

事实上包公戏的剧目往往取材于近当代的民间说唱艺术。尤其是晚清民国时期的包公戏，其戏剧故事大多来源于根据民间说书改编的小说《三侠五义》，其中的故事又绝大部分来自于明代由安遇时编著的小说《百家公案》（最早的版本有明万历二十二年即1594年朱仁斋与耕堂刊本）。而《百家公案》小说故事的直接来源，却又是明代的说唱词话本《包龙图公案词话》，包括《新刊全相说唱包待制出身记》（1967年在上海嘉定出土明成化年间刊本，是目前最早的明词话话本）及《新刊全相说唱包龙图陈州粜米记》《新刊全相说唱足本仁宗认母传》《新刊说唱包龙图断曹国舅公案传》《新编说唱包龙图断歪乌盆传》《新编说唱包龙图断白虎精传》《新编说唱包龙图赵皇亲孙文仪公案传》《新刻全相说唱张文贵传》等等名目。因此可以说，晚清民国时期的包公戏剧作几乎完全源于说唱艺术，和历史上丰富的包公戏剧作并没有太多的直接渊源关系。

其次，包公的形象越来越高大，由"神化"而"圣化"。

在元代的包公戏里，包公直接出入阴阳两界的情节还不多见，而且在包公审理案件的时候，总是要提到朝廷皇帝的权威，皇帝或者是批准或者是追认包公的判决。但是到了晚清民国时代的包公戏剧目里，包公已是"神人"形象，能够自由来往阴阳两界，甚至可以将阎王殿枉法的判官判处死刑（《铡判官》）。尤其是在1949年以后演出的剧目里，包公的执法权力已是没有了边际，哪怕是处死皇亲国戚也不用报请皇帝批准（《铡美案》），包公俨然已成为神圣法律的化身。这个由"神化"进而"圣化"的过程，反映的是社会观念的发展，和剧作所讲述包公所处的那个历史时代几乎毫无瓜葛，恰恰不能作为了解中国传统法律文化的捷径。

再次，戏剧故事中的推理破案情节越来越淡薄。

明清的包公戏剧目中推理破案的故事并不多见，到了晚清及民国时期的包公戏剧基本上都是情感戏。尽管推理破案的情节在原来的说唱艺术以及根据说唱艺术改编的小说中占的比重相当大，可是在改编成戏剧时，包公破案都是极其直截了当，根本不需要任何的推理过程，完全由包公直接判定是非曲直。

近代剧作者将原来故事中有关破案情节基本剪裁干净，应该是为了适应当时的中国剧场的环境。晚清和民国时期的戏曲演出场所往往比较嘈杂，并不刻意营造观众深入剧情的环境，剧情推进也较为松散，不适合进行推理破案的情节交代。观众需要的只是一个能够让自己情感得到释放、获得满足感的结果，至于这个结果是否符合逻辑，是否符合法律，实际上并不重要。

最后，包公戏剧目中援引法律的情节越来越少。

在元代包公戏杂剧里，最后结局，总会有一个包公的判决书，简要归纳案情，对当事人一一作出裁决，往往会引证一些法律条文，或法律的大致内容。可是到了晚清和民国，尤其是流传到今天的一些包公戏里，很少有包公完整的判词，也不再引证法律，一般只是包公吼一声"按律"如何如何，就算是交代了，不再有援引具体的法律文字的情节。

这个现象或许可以从剧作方和观众受众两方面来分析。从戏曲的作者来说，如前所述，近代包公戏的创作者大多是草根的民间艺人，几乎都没有文人的参与。这些作者对于朝廷法律并不熟悉。而且这些戏曲创作以及流传的时期也是一个"乱世"，"军法从事"的情况极其普遍，作者以及受众期待的是救星而不是法制。强人代表的就是正义，就是创作者、表演者以及广大受众心目中的"法律"。因此圣化的包公是正义、法律的唯一代表，根本无需援引什么条文。

作为"法制宣传"的包公戏

包公戏在漫长的演变过程中，不断反映着所处时代的社会法律观念，剧作者自觉或不自觉地在进行着"法制宣传"。然而这些"法制宣传"并非简单的"法律图解"，更不是破案大全。包公戏的剧目在很大程度上是一种帮助受众宣泄感情的途径，用今天的网络语言也就是共同"吐槽"。因此今天在欣赏传统戏曲中包公戏剧目的时候，千万不能简单地把它当作了解中国传统法制的途径，以为古代的法律就是这样的，古代的司法就是包公升堂始、包公"开铡"终。

在中国传统社会中，皇帝掌握立法、司法的全权，政治上法律的权威低于皇帝的权威；同时，法律在伦理道德层面上也低于儒家提倡的礼教"天理"。由此前者形成皇帝"人治"的传统，后者则造成朝廷统治"德治"的外貌。形成包公戏传统的元代，士大夫失去了相当多的特权身份，由此蒙古皇帝难以得到汉族士大夫的认同。在汉族士大夫创作的包公戏剧目里，皇帝往往就退居幕后，代表法律的"人治"的角色就落在了包公身上。同时作为著名清官的包公又占据道德上的制高点，也很好地铺垫了"德治"的传统。在明清时期的包公戏里，包公的司法处置又笼罩在皇帝权威之下。不过包公戏最流行的清末民初时期，皇帝权威再次下降以至于消失，一直占有道德高地的包公也就又成为"人治"的典型。

不过在中国古代高于法律的也就是皇帝，对皇帝以下各级官员还是实行"法治"的。官员的委任、权限、任期、俸禄、考察都有明确的制度，稍有违反、工作出了差错的就算触犯了"公罪"，照样要按照法律来处罚，只是"公罪"都不处刑罚，改折为行政处罚：罚俸、降级、罢官、"除名"（彻底开除出官员队伍、失去官员身份）等等。历史上像包公这样只受过一次降级处分的官员极少，绝大多数的著名"清官"总少不了被行政处分、被降级甚至被查办的。如果工作差错是故意造成的、出于个人目的而违法的，比如收受贿赂、贪污公款之类的，那就必须处以重刑。只是从汉朝开始，法律就规定所有官员犯罪案件，判案结果都必须由皇帝亲自来决定。这样的"法治"在明代包公小说里有，但在近代的包公戏里就一概看不到了。这是今天的观众或读者必须要知道的一个背景知识。

目录

1

包公的大铡刀

"三口铜铡神鬼寒"

以包公为主角的包公戏，是公案类戏曲中最主要的剧目。而包公戏里最重要的道具，就是包公那三把大铡刀。这是包公戏的符号，如京剧《铡美案》开场，包公上场诗："铁面无私坐南衙，文臣武将胆战麻。任他皇亲并国戚，犯法难逃虎头铡。"

京剧《花蝴蝶》一开场，包公上场自表："铜锣开道人呐喊，谁人不知包青天。我身边随带着张龙、赵虎、王朝和马汉，三口铜铡神鬼寒。一路上断了些个无头案，捉恶霸，断土豪，灭却赃官。黑驴告状真奇案，夜断乌盆伸过冤。只因错断颜查散，地府阴曹铡判官。十里长亭铡包勉，那屈死枉魂速来伸冤。"这段开场词里提到的"张龙、赵虎、王朝、马汉"，是说书话本《三侠五义》中包公的四大跟班，而王朝、马汉就是专门使用大铡刀的刽子手。另外其中提到的"黑驴告状""乌盆""铡判官""铡包勉"都是著名的包公戏剧目。

包公戏总是以"开铡"这一声怒吼而进入剧情高潮，于是很多戏曲直接将包公戏目总结为"大铡"。河南豫剧就有"四大铡"，即《铡赵王》《铡美案》《铡郭嵩》《铡郭槐》四个经典剧目，梆子戏里也有这样"四大铡"的剧目合称。湖北汉剧的"四大铡"略有不同：《铡美案》《铡包勉》《铡判官》《铡国舅》。

在戏曲的影响下，包公和铡刀就有了不解之缘，有包公史迹的地方，一定要摆出复制的三口大铜铡。比如合肥的包公祠，就陈列着三口大铡刀。而河南开封"开封府"景点，不仅陈列有三口大铡刀，还作为旅游节目，天天有演员扮演的包公和他的手下，在"开封府"里"开铡"。包公和铡刀，在这些普及度最高的文艺形式的推广下，也就成为中国民众最熟悉的古代法官与法律的标志物。只是遗憾的是，这是完全错误的印象。

作为养马工具的铡刀

在中国古代，法律里从来没有以铡刀作为刑具的。包公戏里的大铡刀可以说是全无来历。从先秦到宋代，从来没有铡刀行刑的记载。秦汉时的死刑种类"腰斩"，是罪人裸体俯身趴在"锧"(也写作櫍、礩,类似斩肉的案板)上,刽子手用斧子砍断罪人身躯。因此有"斧锧"连称代表死刑的说法。后世死刑制度几经改革,最后在隋朝确定五刑制度,死刑仅有斩、绞两种。斩,是以刀斩首;绞,是以短棍收紧套在罪人颈脖的绳圈使其窒息毙命。以后唐、宋两代都基本沿袭五刑制度,死刑种类仍然只有斩、绞,只是针对个别罪行极其严重的罪犯,才特设"凌迟处死"(碎割罪人身体使之痛苦而缓慢地死去)。因此在包公所处的北宋,是没有铡刀刑具的。

甚至就是"铡"这个字也是很晚才出现的。东汉的《说文解字》里根本就没有这个字,在唐宋两代的文献中也几乎从未出现过。

铡刀的记载大量出现,是在元朝的时候。建立元朝的以游牧为生的蒙古族,冬季需要将储备的草料切碎来饲养牲畜。铡刀有固定的支点,能够将草料切割均匀,"铡"字右边部分"则",按照《说文解字》,"等画(划)物也",具有均分的字义。明代学者梅膺祚编纂的工具书《字汇》(成书于万历四十三年,1615年),解释"铡"字,"铡草也"。可见铡刀是专门用来铡草的工具。

元代作家马致远创作的著名散曲《借马》,描写马主人不舍得将马借给朋友使用,又碍于面子不好拒绝,只好百般向朋友交代"注意事项",其中就有一句"软煮料草铡底细",请求朋友仔细铡草喂马。杨景贤编写的杂剧《西游记》，木叉向唐僧介绍白龙马的好处："白日莫摘青丝鞚，黑夜何须水草笼，料槽铡刷不须用。"可见料槽、铡刀、刷子，是当时人认定的养马必备器具。

当代作家果果在自己的博客中专门描写"铡刀"（见网易博客"云南果果的《民间之水》"，http://mzzuozongshun. blog.163.com/blog/static/4707060720105274554605/）："牲口是山村人家的宝贵财产，是庄稼人的命根子。铡刀则是饲养骡马的主要工具，我的父辈总能把铡刀运用得炉火纯青，他们配合得默契自然。铡刀有一米多长，宽有十五公分左右。铡刀由两部分组成。一块中间挖槽的长方形木料做成的铡刀床，前端有一孔用于固定铡刀，中间是能装进铡刀的一道缝隙。一把带有刀把的生铁刀，铡刀的刀尖部位插入木槽里固定，可以上下活动。添草的人需要力气，添草的人需要技术。放在铡刀下的麦草长短要拿捏准确，一般在半寸长左右比较适宜。"元朝时能够巧妙使用铡刀被认为是一项绝技，称之为"轮铡"（轮大概是指使用铡刀速度快到像车轮一般顺溜），与"跳塔"（跳到佛塔的高度）相提并论。比如元曲中常见的形容词"轮铡跳塔"，以表现身怀绝技，机巧过人。比如王晔散曲《水仙子》中，形容风月场老手"风流双渐惯轮铡，澜浪苏卿能跳塔"。关汉卿在《包待制智斩鲁斋郎》里形容鲁斋郎作恶一方，受欺侮的百姓忍气吞声，没有办法去告发鲁斋郎。"被论人有势权，原告人无门下，你便不良会可跳塔轮铡，那（哪）一个官司敢把勾头押？提起他名儿也怕。"被告有权有势，原告告状无门，你作为原告即便有一身"跳塔轮铡"的本事，官府也不敢"勾头押"（签署拘押被告的传票），因为官员听到鲁斋郎的名字就害怕。

元杂剧中的"势剑铜铡"

铡刀本来只是养马工具，可在元代杂剧里，已经将铡刀视为皇帝特赐的刑具，和"势剑"（尚方宝剑）并列。比如郑廷玉《包待制智勘后庭花》中，包公请求审理疑案的全权，于是他的上级、丞相赵廉访答应，"与你势剑铜铡，限三日便与我问成这桩事"。孙仲章《河南府张鼎勘头巾》里，张鼎被长官逼迫查案，"若问成了，我将你喜孜孜赐赏加官。若问不成呵，尝我这明晃晃势剑铜铡"。岳伯川《吕洞宾度铁拐李岳》，"说俺郑州滥官污吏较多，圣人差的个（就是"这个"的意思）带牌走马廉访相公，有势剑铜铡，先斩后奏"。"势剑铜铡"也已经被描写为包公在开封府的排场，比如无名氏《玎玎珰珰盆儿鬼》，描写乌盆鬼魂进开封府，"俺则见狠公吏把荆杖挝，恶曹司将文卷押，两边厢摆列着势剑铜铡，中间里端坐个象简乌纱（捧着朝见皇帝的象牙笏板、戴着乌纱帽的大官，即是包公）"。

在有的元代杂剧剧目里，铡刀是用来砍头的刑具，比如李行甫《包待制智勘灰栏记》里包公的台词："可知道为兄妹之情，两次三番，在公厅上胡言乱语的；若不是呵，就把铜铡来切了这个驴头。"无名氏《神奴儿大闹开封府》里台词："说的是万事都休。说的不是，将铜铡先切了你那驴头。"可是在有些剧本里，铜铡也可以是腰斩的刑具，比如无名氏《冯玉兰夜月泣江舟》唱词："若不是你金大人势剑铜铡，将贼徒分腰断颈，可不干着俺泣江舟这一段冤情。"

饲马工具铡刀演变为刑具"铜铡"，想来不可能是真的用铜做的铡刀，应该是用铜皮包裹了铡刀的木头铡刀床，防止血液浸透木头，便于洗刷。

尽管元杂剧里有这么多常见铜铡的情节，可是在元代法律里却并没有铜铡刑具。元代法律规定的死刑有两种，一种是斩首，一种是凌迟。在元代法律史料里，也找不到使用铜铡作为执行死刑刑具的记载。所以即便是元代确实曾有以铡刀执行死刑的事例，那也只是"非法"行为。

或许是因为元代权豪横行不法的事例太多，有些贵族豪强，使用铡刀私自用刑，以至于在社会上留下这样的印象。在武汉臣编写的杂剧《包待制智赚生金阁》里，描写恶霸庞衙内，抢夺秀才郭成的妻子，又命令将郭成"就在他浑家根前，着铜铡切了头者"。可是随从来报告，说是"小厮每（们）把郭成拿在那马房里，对着他浑家面前，他便按着头，我便提起铜铡来，可又（咔嚓）一下，刀过头落。那郭成提着头，跳过墙头去了……"在马房里行刑，说明使用的就是切饲料的铡刀。在纪君祥《冤报冤赵氏孤儿》里，奸臣屠岸贾唱词："不争晋公主怀孕在身，产孤儿是我仇人；待满月钢刀铡死，才称我削草除根。"

"失而复得"的大铡刀

包公的传奇在明代继续流传。在1967年出土的明成化刊本《说唱词话》（1471—1478年）里，有6个以包公为主角的公案故事。到了万历年间（1573—1620年），所有当时流传的包公故事都被安遇时编纂的小说《包龙图判百家公案》"一网打尽"，全部纳入这本开创性的公案小说，其中包含了包公的身世故事，以及整整100个包公破案故事。

最值得注意的是，在明成化《说唱词话》和《包龙图判百家公案》里，都没有了那个包公陈列在堂的法宝——"势剑铜铡"。前者6个破案故事、后者100个破案故事里，包公没有使用过一次"势剑铜铡"。显然明朝时的艺人、读书人都知道当时的法定刑具里根本就没有这个铡刀，朝廷也没有赐予官员能够先斩后奏的"尚方宝剑"的制度。

《百家公案》成为明清两代包公传奇的蓝本，铜铡这个重要的道具也不再被强调。足足过了几百年，到了晚清时，著名说书艺人石玉昆有关包公传奇的说书，被人改编为《三侠五义》小说，这时包公的铜铡又回来了，而且变成了三件套。

在《三侠五义》第九回"断奇冤奏参封学士　造御刑查赈

赴陈州"中，描写了三把大铡刀的来历。说是包公被宋仁宗封为龙图阁大学士，仍兼开封府事务，前往陈州稽察放赈。包公却跪奏道："臣无权柄，不能服众，难以奉诏。"于是宋仁宗"又赏了御札三道"。包公回衙后告知他的师爷公孙策，公孙策于是故意以"札"字当"铡"字，设计出龙、虎、狗三把大铡刀，并监督匠人连夜打造。包公第二天向宋仁宗报告："臣包拯昨蒙圣恩赐臣御札（铡）三道，臣谨遵旨，拟得式样，不敢擅用，谨呈御览。"当场呈上铡刀的同时，包公又请示皇帝："如有犯法者，各按品级行法。"宋仁宗居然"龙颜大喜，称羡包公奇才巧思"。

小说作者特别说明，三把大铡刀是"刑外之刑，法外之法""光闪闪，令人毛发皆竖；冷飕飕，使人心胆俱寒"。小说第十五回"斩庞昱初试龙头铡 遇国母晚宿天齐庙"，还仔细描写了铡刀行刑的细节："只见四名衙役将龙头铡抬至堂上，安放周正。王朝上前抖开黄龙套，露出金煌煌、光闪闪、惊心落魄的新刑。恶贼一见，胆裂魂飞，才待开言，只见马汉早将他丢翻在地。四名衙役过来，与他口内衔了木嚼，剥去衣服，将芦席铺放（恶贼哪里还能挣扎），立刻卷起，用草绳束了三道。张龙、赵虎二人将他抬起，走至铡前，放入铡口，两头平均。此时马汉、王朝黑面向里，左手执定刀把，右手按定刀背，直瞅座上。包公将袍袖一拂，虎项一扭，口说'行刑'二字。王朝将彪躯一纵，两膀用力，只听咔嚓一声，将恶贼登时腰斩，分为两头一边齐的两段。"

　　将铡刀描述为执行腰斩死刑的刑具，而且描写如此仔细，看来《三侠五义》作者亲眼看到过这样的行刑场面。可是清代法律来自于明代，除了曾对一些重大罪名恢复枭首刑、戮尸刑外，法定死刑仍然只有斩首和绞刑，以及部分罪名适用的凌迟，这三种法定死刑执行的刑具也从来没有规定为铡刀的。因此铡刀肯定是"刑外之刑，法外之法"，是一种非法的刑具。

　　那么非法的刑具为何成了《三侠五义》的主道具？推想这很大程度上是由于这个说书底本流传的历史背景。《三侠五义》正式成书并出版已是19世纪末，最早的版本是光绪五年（1879年）。说书艺人石玉昆（约1810—1871年），生活于晚清"乱世"。太平天国起义极大地动摇了清朝的统治，清廷于1853年开始实行对盗贼等有重大罪行的罪犯"就地正法"，放弃原来全国各地所有死刑案件必须经过朝廷复审的制度，允许地方督抚有权直接向下属下达"就地正法"的命令。基层地方政府审理此类案件，也不必将被告、证人等"解审"（解送上级复审），可以书面上报督抚，经过督抚批准后就在本地执行死刑。在一些治安差的地方，滥用死刑的情况更为严重。那么可以想见，有些地方没有熟练的刽子手，为了方便执行死刑，很可能会用铡刀来代替行刑。说书艺人见到这样的情形并将之编入包公故事，也就是可能的了。石玉昆描写的铡刀行刑的细节，也有相当的可能性：使用芦席来包裹、捆绑罪犯，一方面是为了容易控制罪犯的身体，"恶贼哪里还能挣扎"；另一方面也可能是为用芦席遮挡喷溅的鲜血，防止污染刽子手及行刑场地，利于连续行刑。

由于近代中国社会急剧变化，大量历史的细节在社会变革的洪流中被忽视。在包公戏最为流行的晚清民国时代，很少有人去考证这铡刀道具的真实性。而民间普遍只从传统戏曲中获取历史知识，包公这"三口铜铡"也就深入人心，成为民众深刻的"历史记忆"。

2

包待制陈州粜米

　　包公在陈州赈灾放粮、诛杀贪官故事，是包公传奇中流传时间最长、影响最大的传奇故事之一。现在看到的最早的源头，是佚名作者编写的元杂剧《包待制陈州粜米》，明人《金丸记》传奇也有相关的情节。出土的明成化刊本《说唱词话》中有《陈州粜米记》。明代作家安遇时编写的小说《包龙图判百家公案》第七十三回"包拯断斩赵皇亲"也是描述这个故事，这部小说其他的回目里，将很多重要故事都安排在陈州粜米后连带发生。晚清《三侠五义》小说，第九至第十五回，说的也是陈州放粮。近代戏曲中梨园戏有《陈州赈》，地方戏有吕剧《陈州放粮》、花鼓戏《陈州放粮》。京剧《打銮驾》等也由陈州粜米故事展开。1954年还有京剧新编历史剧《陈州粜米》（一名《包龙图晚年除奸》）。

这个套路也被后来很多的包公戏曲沿袭，包公出场总是在来往陈州的路上。因此陈州放粮简直成了包公戏的众案由头。

制度性的"平籴"

中国古代是以单一粮食生产为主的农业国家，粮食的交易与控制具有头等重要意义。以至于有专门表示粮食买卖的汉字："籴"，表示买入、收购粮食；"粜"，表示卖出、抛售粮食。

战国时期的政治家李悝已经阐述了国家应有的基本粮食政策，他称之为"平籴"，其主要内容是利用市场供求关系来控制粮价。国家应该注重粮食储备，并注意控制粮食价格。当市场粮价上涨时，政府应该将储备粮投放市场，以平抑粮价；相反，当市场粮价下跌时，政府应该适时收购余粮，以抬高粮价。

汉朝以后各代都依照李悝的建议设立政府用于控制粮食市场的粮仓，这类粮仓大致上可以分为两类：一类是散布于各基层政府的"义仓"，以救荒为目的，在征收田赋的时候按一定比例附加征收粮食入义仓，荒年时可以放粮赈灾。还有一类是以平抑粮价为目的的"常平仓"，由政府拨资金设立，丰年收购余粮，荒年抛售存粮，维持粮价在一个比较平稳的价格区间之内。北宋按"路"（州县之上的监察区划）

设置常平仓，根据各路人口数量，从上供朝廷的"上供钱"里扣除两三千贯至一两万贯作为常平仓运营成本，选择"清干官"来主持。每年夏秋收获季节按照市价略加价收购余粮，每当荒年粮价上涨时比市价略低抛售存粮，"所减不得过本钱"。宋仁宗登基的前一年（1021年），全国各路常平仓收购余粮总数为"十八万三千余斛"，出售存粮总数为"二十四万三千余斛"。而到45年后的1066年，全国各路常平仓"入五十万一千四十八石，出四十七万一千一百五十七石"。如果包公确实有过陈州粜米的经历，就应该是在这个时间段内。

在《包待制陈州粜米》杂剧形成的元代，也有同样的制度。忽必烈在至元六年（1269年）已下令在统治区域内设立常平仓和义仓。常平仓在各路设立，由政府收税的粮仓拨出部分余粮作为储备。义仓以乡村"社"为单位，也叫"社仓"，由农村首领"社长"主持。在元朝时期，灾荒发生时，朝廷总是宣布以"义仓"放粮赈灾；不足救灾的，再由政府的常平仓低价出售存粮。只是按《元史·食货志》的总结说："行之既久，名存而实废。"

"无私王法"杀贪官

元杂剧《包待制陈州粜米》的故事并不复杂。说的是陈州地方大旱连年，朝廷决议派出官员前往赈灾粜米。刘衙内向朝廷推荐自己的儿子刘得中和女婿杨金吾前往粜米，还请皇帝御赐"紫金锤"，可以任意责打不听命官民。这两个贪官到了陈州，大秤收银，小斗粜米，贫民张别古愤而与之评理，竟被刘得中用紫金锤打死。张别古临终嘱儿子小别古往包公处伸冤。而包公恰巧也被朝廷委派前来陈州监查赈灾情况，被授予"势剑金牌，先斩后闻"。包公微服先行，乔装乞丐，并为妓女王粉莲牵驴，勘得实情，把在王粉莲处搜出的紫金锤交给小别古，小别古用紫金锤打死了小衙内刘得中和杨金吾，正好这时刘衙内匆匆带着皇帝的赦书赶来，"赦活的，不赦死的"，于是包公正好释放小别古。最后包公笑道："今日个从公勘问，遣小别古手报亲仇。方才见无私王法，留传与万古千秋。"

从宋代史料记载的包拯官职履历来看，包公并没有这段陈州粜米的经历。作为朝廷派出主管财政税收物资转运的官员，在1046—1052年，包拯先后担任过京东、陕西、河北三路转运使，并曾短暂担任河北都转运使。在保留下来的包拯文稿中，这一段时期文稿的内容，都在本职事务之内，没有接受特别委派任务的记录。而唐宋时陈州辖境大致相当于今天的河南太康、西华、项城、商水、淮阳、沈丘地域，位于西淝河、颍河流域，地势低洼，历史上以水害频发著称，《包待制陈州粜米》（以下简称《陈州粜米》）故事起因却是"连年亢旱"。由此看来，这个故事应该是元代不知名作者根据元代某些历史事件综合编写，故意混淆空间和时间概念，架到前朝包公头上，以避免政治迫害。

紫金锤与势剑金牌

"锤"是一种古代兵器，在手柄的头上有一个金属球体。古代往往作为仪仗类兵器陈列，实战使用不多。"紫金锤"应该就是这样一种镀金的仪仗兵器，皇帝在高兴的时候赐予臣下这样一件仪仗性兵器的可能性确实很大。可是在历史记载中从来没有关于将这样一件仪仗性兵器作为皇帝特派员权力身份象征的记载。《陈州粜米》中说，小衙内和杨金吾获得特别授权，"若陈州百姓刁顽呵，有敕赐紫金锤，打死勿论"，这只能是作者的想象了。

和紫金锤相比，"尚方宝剑"很早就深入人心，被认为是授予了决断权力的象征，一直到今天的汉语里，仍然保留这样的词义。"尚方"，是汉朝时专门为皇帝生产用品的作坊，因此皇帝赐予的宝剑就有"尚方宝剑"的称呼。《陈州粜米》里的"势剑"，就是这种"尚方宝剑"。"势"指的就是势力，代表皇帝权势。

尚方宝剑称呼起源于汉朝，不过实际上后来汉族皇朝的皇帝授予臣下代表皇帝本人权势的象征物件，往往并不是宝剑。比如魏晋时期，这种象征皇帝权力的物件是"斧钺"。而唐代一般是授予皇帝的"符节"，比如"节度使"之名就来源于他们拥有皇帝授予的符节。

　　倒是蒙古族的首领以及后来的元朝皇帝，习惯赐予将领宝剑，作为代表皇帝出征统帅权的象征。比如在1216年携众投奔蒙古军的何实（原金朝官僚子弟），因与蒙古大将木华黎谈论军事问题，大得赞赏。木华黎向成吉思汗引见何实，成吉思汗很高兴，当场赐予何实"鞘剑"，并委派何实跟随木华黎大军攻略中原，为"先锋将"。

　　1278年元世祖忽必烈授予张弘范为"蒙古、汉军都元帅"，率大军南下消灭南宋残余势力。张弘范推辞说："从来没有汉人统率蒙古军的，请委派蒙古大臣为第一统帅。"忽必烈却说：这次就是要"委任专一"。元世祖又赐予张弘范锦衣、玉带，张弘范都推辞不受，请求皇帝赐予"宝剑盔甲"。于是忽必烈下令将自己武库中的宝剑盔甲全都摆放出来，任凭张弘范挑选。在张弘范选中了一把宝剑、一副盔甲后，忽必烈告诫张弘范："这把宝剑，就是你的帮手，凡有不服从你命令的，就用这把宝剑处置！"张弘范有了这个权柄，全权指挥，顺利结束灭宋战争。这把宝剑和这套盔甲也成为张家的传家宝。

　　被赐予"尚方宝剑"的也不一定是武将。比如元世祖很相信道教，龙虎山学道出身的道士张留孙，1276年跟随天师张宗演入朝时，得到元世祖的欣赏，被留在大都。过了几年元世祖的皇后得了重病，张留孙布置道场祈祷。元世祖梦见一位红衣长胡子的仙人，有甲士随从，在草丛里前行。元世祖梦醒后询问张留孙，张留孙说："那个长胡子的红衣神仙,就是汉祖天师,在草丛里前行,就是春天的意思,皇后的病到春天肯定能痊愈。"元世祖非常高兴,想任命张留孙为天师,张留孙不敢当天师之名,于是元世祖下令张留孙为"上卿","命尚方铸宝剑以赐",在上都和大都建起崇真宫,交由张留孙掌管。

"金牌"则并非是皇帝特赐的物件。在元朝,军官的级别以所挂腰牌为区别。凡是管军7000以上的"上万户府",指挥官都有"虎符"(也叫"虎头牌");以下以此类推,从管军5000的中万户府,到管军500以上的中千户所,指挥官都悬挂"金牌"。金牌实际上是镀金的铜牌,有表明级别的字样。在元朝的制度中,并没有使用金牌作为皇帝特派员代表皇帝直接处置政事象征的内容。

那么为什么在元杂剧中"势剑金牌"会普遍连用?想来原因也很简单,就像我们已经看到的那样,被赋予代表皇帝权力的,主要都是军事指挥官,很自然地也都带有金牌。民间也就习以为常地将"势剑"与"金牌"连称了。

不可能有并行的"先斩后奏"

《陈州粜米》一剧里两个最重要的道具,就是两个贪官拥有的敕赐紫金锤,和包公拥有的也是同样敕赐的"势剑金牌"。按照剧情,这两件皇帝敕赐的权力象征,都可以"先斩后奏"。难道古代官员真有这样"先斩后奏"的权力吗?

中国古代的政治常识之一，就是对于官员的生杀大权永远只能由皇帝一个人独掌。《韩非子》的《刑德》篇曾专门论述过这个问题。韩非在这篇名著中说：老虎之所以能够驯服走狗，就是因为老虎的爪子和牙齿厉害，如果老虎把自己的爪子和牙齿让给了走狗，老虎也就要反过来听命于走狗了。君主对付臣下也就是依靠"刑"（杀戮）和"德"（奖赏）这两个"柄"（抓手），而"刑"就相当于老虎的爪牙，如果把爪牙让给了臣下，君主也就会听命于臣下了。

生杀大权要由皇帝独掌，绝对不能容许一个官员对其他官员拥有先斩后奏的权力，否则，不仅会造成其他官员对拥有这项权力官员的畏惧，从而逐渐削弱皇帝的权力，也会造成统治者内部的矛盾，使得官吏集团风波四起。所以在汉高祖时就规定郎中一级以上的官员犯罪要请示皇帝后才能定罪处刑，以后这个范围逐渐扩大。后世法律中都规定，凡是官员犯罪都必须请示皇帝后才能处罚，从来没有不经过皇帝就可以诛杀官员的道理。尤其像《陈州粜米》这样，两个"先斩后奏"权力并行的时候，究竟谁先斩谁？不是要闹成官场内部的火并吗？

古代真正拥有部分"先斩后奏"权力的不是监察官，而是负有军事指挥权的大官。这种官员一般只在战时状态下才会由皇帝派往战区，拥有战区军事指挥及行政、司法、人事等方面的全权，所谓"上马治军，下马治民"。如三国两晋南北朝时期的都督、唐代的节度使、宋代的安抚使、明清的总督等等。为了表示他们的特殊权力，一般都要由皇帝赐予他们一些象征性的刑具或物件，来表示他们代表皇帝执掌生杀大权。不过这些军区指挥官能够"先斩后奏"的主要是敢于藐视权威的平民，不服从军令的士卒，但对于县级以上的官员，仍然只有罢官撤职、向朝廷报告并建议处置方式的权力。

因此，《陈州粜米》的故事，并不符合古代的法律传统，只是寄托民间愿景的戏剧家们的"一厢情愿"。那只是因为在元代的腐败政治现实下，百姓希望能够有全权的文官来压抑无恶不作的权贵势力。在一般的朝代，这样的表达很可能会给作者及表演者带来政治迫害，好在元代的蒙古统治者没有这么"无微不至"地贯彻思想文化专制，才让这些剧目留存于世。

3

包龙图智赚合同文字

骨肉分离的悲剧

《包龙图智赚合同文字》，是一个历史悠久的包公断案故事。宋代的说书人已经开始演讲这个故事，保留至今的有南宋话本《合同文字记》。元代无名氏将这个故事改编成杂剧。以后不少明朝小说也沿用了这个故事。比如安遇时《百家公案》第二十七回"（包）拯判明合同文字"。明代作家凌濛初《初刻拍案惊奇》又将这个故事改编为《张员外义抚螟蛉子　包龙图智赚合同文》。

这个故事说的是汴梁地区遭遇灾荒，朝廷为了救荒，硬性要求各家各户"分房减口"，出外逃荒。这是中国古代传统的救荒政策之一，由于粮食运输困难、成本巨大，因此当某地灾荒发生时，朝廷的对策一般不是调运粮食进入灾区，而是将灾区人口调到外地去"乘熟就食"，也就是驱赶灾民前往可能有余粮的外地逃荒要饭，至于百姓在途中冻饿疲乏发病致死，算作是正常的人口淘汰。

汴梁西关义定坊地方有刘天祥、刘天瑞两兄弟，都已经成婚。父母也都过世，两兄弟尚未分家。哥哥刘天祥娶妻杨氏，还没有生育，只有一个杨氏带来的"拖油瓶"女儿"丑哥"；弟弟刘天瑞娶妻张氏，生育有一个儿子，已经3岁，名叫"安住"，还和本村李社长的女儿"定奴"指腹为婚。现在朝廷要求分户减口，刘天祥以自己作为大哥需要固守祖坟为由，要弟弟刘天瑞全家外出"趁熟"。刘天祥还做下两纸"合同文书"，说明"应有的庄田物件房廊屋舍，都在这文书上，不曾分另（分割）。兄弟三二年来家便罢，若兄弟十年五年来时，这文书便是大见证"。为此还请来了李社长，作为见证人在"合同文书"上签字画押。

苦命的刘天瑞夫妻

"合同"在中国古代，是指有骑缝记号的一式多份的书面文件，和今天法律用语的"合同"意思不一样。

刘氏兄弟的这份合同文字是这样的：

东京西关义定坊住人刘天祥、弟刘天瑞、幼侄安住，则为六科不收，奉上司文书，分房减口，各处趁熟。有弟刘天瑞，自愿将妻带子，他乡趁熟。一应家私田产，不曾分另。今立合同文书二纸，各收一纸为照。

立文书人刘天祥同亲弟刘天瑞

见人李社长

刘天瑞收了一纸"合同文字"，带了老婆孩子逃荒到了潞州高平县下马村，在张家客店暂住。客店老板张秉彝"因见刘天瑞是个读书的人，收留他在我店房中安下"。没料到刘天瑞夫妇"染成疾病，一卧不起"，"莫说道他两口儿迎医服药，连衣服也没的半片，饭食也没的半碗"，先后去世。张秉彝和妻子郭氏按照刘天瑞遗言，收留了三岁的刘安住，没有给他改姓易名，"自小教他读书"。刘安住长大后，搞不明白为什么自己姓刘，而父亲姓张，直到过了15年后，张秉彝才告诉他原委。刘安住大哭一场，和养父张秉彝告别，背着父母的骨殖，赶回老家，打算给父母"入土为安"。

见利忘义的伯母

在家乡这边，刘天祥和浑家杨氏将大家庭的财产独吞，营运有加。"我这家私，火焰也似长将起来"，夫妻俩开了个"解典铺"（当铺），发家致富。可是杨氏有个心病："带过来的女孩儿，如今招了个女婿。我则怕（刘）安住来认，若是他来呵，这家私都是他的，我那女婿只好睁着眼看的一看。"

当刘安住真的到了家门，杨氏大惊失色。要刘安住出示"合同文书"来证明，刘安住果然拿出文书，杨氏顺手就拿了进去，不再认亲。刘安住等到刘天祥回家，再要认伯父，再也拿不出合同文书为证，而杨氏又断然否认，"我若见你那文书，着我邻舍家害疔疮"。刘安住只得说明，"伯伯，您孩儿不要家财，则要傍着祖坟上埋葬了俺父母这两把儿骨殖。我便去也"。却遭杨氏一阵打，脑袋被打破。

刘安住在刘家门口痛哭，正好遇见当年合同文书的见证人也是他的定婚的岳父李社长。李社长再给他去交涉，杨氏一口咬定没有拿过刘安住提交的合同文书，也绝口不认刘安住这个侄儿。

李社长带了刘安住要去告状，正巧包拯"西延边赏军回还，到这汴梁西关里"，于是两人拦轿喊冤。包公下令，"张千将一行人都与我带到开封府里来"。李社长要刘安住"将这两把骨殖，且安在我家里"，自己陪着刘安住一起到了开封府。

包公的审案

包公接了这个案子，先是10天没有动静，他暗中派人去潞州高平县下马村，把张秉彝找来到庭作证。

23

10天后开庭审理，杨氏依旧说没有见过合同文书，"并不曾见甚么文书，若见过我就害眼疼"。包公指令，"既然这老儿和刘安住不是亲呵，刘安住，你与我拣一根大棒子，拿下那老儿，着实打者"。刘安住不忍心下手，"我须是他亲子侄，又不争甚家和计。我本为行孝而来，可怎么生忿而归？"包公假意喝道："这小厮明明要混赖你这家私，是个假的。"下令把刘安住戴枷关押起来，"下在死囚牢里去"。

杨氏正在欢天喜地，突然衙役张千来报告，说是"那刘安住下在牢里发起病来，有八九分重哩"。包公假意震惊，要衙役去查验，衙役回报"刘安住太阳穴被他物（兵刃以外的其他物件）所伤，观有青紫痕可验，是个破伤风的病症，死了也"。

包公再问杨氏："兀那婆子，你与刘安住关亲么？"杨氏回答："俺不亲。""你若是亲呵，你是大他是小，休道死了一个刘安住，便死了十个，则是误杀子孙不偿命，则罚些铜纳赎"；若不是亲，就是俗话说的"杀人偿命，欠债还钱"，"你不认他罢了，却拿着甚些仗（杖）打破他头，做了破伤风身死。律上说：殴打平人，因而致死者抵命"。下令张千拿了枷来，枷了这婆子，替刘安住偿命。杨氏这才慌了神求饶，"他须是俺亲侄儿哩"。

包公笑了："婆子，刘安住活时你说不是，刘安住死了，可就说是。这官府倒由的你那？既说是亲侄儿，有甚么显证？"杨氏赶紧出示了两份一模一样的合同文书。包公笑判："这小厮本说的丁一确二，这婆子生扭做差三错四。我用个小小机关，早赚出合同文字。"

包公于是宣判："一行人跪着，听我老夫下断。圣天子抚世安民，尤加意孝子顺孙。张秉彝本处县令，妻并赠贤德夫人。李社长赏银百两，着女夫择日成婚。刘安住力行孝道，赐进士冠带荣身。将父母祖茔安葬，立碑碣显耀幽魂。刘天祥朦胧有罪，念年老仍做着民。妻杨氏本当重谴，姑准赎铜罚千斤。其赘婿元非瓜葛，限即时逐出刘门。更揭榜通行晓谕，明示的王法无亲。"

这个判决书包罗万象，先是表明朝廷提倡孝道的原则。然后宣布张秉彝抚养刘安住，劝导刘安住行孝有功，任命为家乡的县官，妻子封赠一个"贤德夫人"的头衔。李社长主持公道有功，赏银100两，作为女儿在吉时与刘安住成婚的嫁资。刘安住"力行孝道"，直接就授予进士头衔，在父母坟前立碑（一般平民不得坟前立碑，刘安住作为进士就有这项特权）。刘天祥，念他是个老糊涂，不予处罚。刘天祥的老婆杨氏，应该有伤害罪，因为是伯母身份，不处实刑，改为以铜赎罪。在本剧目中从未出场的赘婿，被包公判令逐出刘家家门。

无论从宋朝还是元朝的法律来看，这个判决都不合法。包公没有权力直接任命县令，尤其是没有权力直接授予进士——古代进士理论上都是由皇帝经过"殿试"亲自考选的，号为"天子门生"，怎么可能下放给包公来行使这项权力？刘天祥的"朦胧"罪名，也完全是作者杜撰的，古代只有向皇帝报告时"朦胧奏事"才是一项重罪，民间的"朦胧"（含含糊糊处事）怎么可能设定为罪？

各房归各房的财产继承

在这出戏里，大哥刘天祥没有自己的儿子，难道真是像杨氏所说的若是刘安住回来，"这家私都是他的，我那女婿只好睁着眼看的一看"？

实际上这完全是不懂法律的弱智言语。因为刘安住能够继承的只是他父亲刘天瑞那一房的财产。现在家产已经合为一体，完全可以区分为两份，合同文书的本意就是作为分家凭证的。按照古代法律，首先应该进行刘天祥、刘天瑞两兄弟的分家析产，将现有家产全部平分，刘安住获得刘天瑞一房的财产，刘天祥分得自己一房的财产。

照中国古代法律，兄弟是被排除在继承人范围之外的，刘天祥没有儿子继承，是所谓的"户绝"，户绝的家庭，按照宋朝以后的法律规定，可以先设定一个嗣子——法律拟制一个儿子作为继承人；假如没有立嗣的，由女儿继承。按照宋朝的法律，已经出嫁的女儿最多可以分得全部遗产的三分之一，刘天祥的妻子杨氏带来的女儿丑哥，作为刘天祥的继女，如果已经出嫁，照样有刘天祥遗产三分之一的继承权。

在这个剧目里，丑哥没有出嫁，而是招了"赘婿"。那么赘婿有没有继承权利？回答也是肯定的。虽然在秦汉时，赘婿被法律确定为贱民，自然也不会拥有对女家财产的继承权。但在唐宋时代，赘婿已被法律视为平民，并无歧视性规定。北宋时法令规定，凡承担了女家"保甲"以及政府差役的赘婿，可以作为第一顺序继承人，只是继承份额为其他继承人（儿子）份额的一半。而到了元代，法律将赘婿细分为"养老""年限""出舍""归宗"4类。后3类都是一定年限后赘婿带了妻子离开女家，而养老女婿，顾名思义就要承担侍奉岳父母直至去世的义务，自然也就获得和妻子一起继承岳父母遗产的权利。刘天祥只有丑哥一个继女，只要赘婿没有违背孝道的行为，为刘天祥夫妇养老送终，自然就和丑哥一起继承刘天祥这一房的财产。包拯的判决要驱逐赘婿出门，是完全没有法律依据的。该剧这个情节，大概反映的是剧作者对于赘婿的歧视心理吧。

包公破案所使用的"诈术"

另外一点现代观众看起来有点疑惑的是，刘安住就算是被伯母打死的，可是打破脑袋是在10天前的事情，当庭还在诉冤申辩，后到了监狱里死亡，为什么还算是杨氏的杀人罪？要杨氏抵命？这是不是包公利用杨氏不懂法律知识，来"赚取"合同文书的一个诈术呢？

熟悉中国法制史的观众就会知道，这里包公不完全算是诈术。假如刘安住真的是在被打后20天内破伤风而死亡的，杨氏杀人罪确实成立。这就是中国古代有关伤害案件的一个主要制度——"保辜"制度。这个制度规定，凡是发生人身伤害案件的，加害人都必须在法定的期限内对受害人的伤势变化承担法律责任，期限内因伤死亡（包括像这个剧目中所说的伤口感染"破伤风"死亡）的，加害人一律作为杀人罪处罚；相反，如果在期限内受害人伤势得到缓解的，就按照期限终止时受害人的伤势来定罪量刑，重伤变轻伤的，按照轻伤来处罚。所以有人解释这个"保辜"，就是"保人之伤，定己之罪"——辜就是罪的意思。

这个制度起源很早，至少我们今天看到在西汉初年的法律里已经明文规定，有伤害行为的，要保辜"两旬"，20天之内受害人死亡的，加害人作为杀人罪处罚。以后到了唐朝，保辜制度更加详尽：手足伤人的，保辜10天；以"他物"殴伤人者20天；以"刃及汤（开水）、火"伤人者30天；导致受害人"折跌肢体（肢体骨折）及破骨（开放性骨折）者"50天。这个制度被宋朝和元朝法律沿用。所以这个剧目中，特意说明包公是在刘安住被打的当天受理案件，在被打的第11天，也就是杨氏使用了"他物"打破刘安住脑袋的20天保辜期限内，宣布刘安住死亡，这样杨氏确实逃不掉一个杀人的罪名。

这个剧目中包公使用的另一个法律原则，"你是大他是小，休道死了一个刘安住，便死了十个，则是误杀子孙不偿命，则罚些铜纳赎"，这倒也真的是中国古代法律的一个传统制度。就是尊长打死卑幼确实不用承担罪责。"殴杀兄弟之子"，只是判刑徒三年；如果是刘天祥过失杀死刘安住，按照法律"勿论"，没有罪责；伯母过失杀死的，按照过失杀伤罪减等，赎铜。所以包公的这个说明完全合乎法律，没有诈术的因素在其中。

4

神奴儿大闹开封府

《神奴儿大闹开封府》是无名氏所作的杂剧，创作时间大概是在元末明初。这是包公戏里少有的一个悲剧色彩极其浓重的剧目，主题是家庭之内兄弟失和导致的悲剧。

兄弟失和祸及独子

在汴梁城里，有同居的两兄弟。大哥叫李德仁，娶妻陈氏，生育有一个儿子，小名神奴儿，"当孩儿生时，是个赛神的日子，就唤孩儿做神奴儿，今年十岁"；弟弟李德义，娶妻王氏，名叫王腊梅，还没有孩子。一家两房五口，一起过日子，没有分家。因为这个家庭是经朝廷表彰的三代同居不曾分家的敕赐"义门李家"，父母死后兄弟俩仍然同居度日。"这个家私，都是哥哥、嫂嫂掌把着。"

可是这样的大家庭总有现实的烦恼。弟弟李德义的老婆王氏总觉得自己一房很吃亏，经常对李德义抱怨："伯伯、伯娘说，你每日则是贪酒，不理家计。又说俺两口儿积攒私房，你又多在外少在家，一应厨头灶脑，都是我照觑。俺伯娘房门也不出，何等自在。俺两口儿穿的都是旧衣旧袄，他每（们）将那好绫罗绢帛，整匹价拿出来做衣服穿。"为此老是逼着李德义和哥哥分家。可老大李德仁要坚守"义门李家"的名声，坚决不同意。于是李德义和老婆王氏就千方百计在鸡蛋里挑骨头，为了家庭琐事和大哥大嫂吵架。甚至为了诬赖大嫂没有向他打招呼，就拿神奴儿痛打出气。

几次三番要求大哥分家未能得逞，王氏给李德义出了个毒辣的主意："老米饭捏杀也不成团""他说到祖先三辈儿不曾分另这家私，怕违了父母的遗言。不分便也罢。都是那嫂嫂搬调的您弟兄每（们）不和，你如今着他休弃了嫂嫂，我便不分这家私。这的是弃一壁儿就一壁儿"。"媳妇儿是墙上泥皮"，兄弟才是骨肉亲情。面对这样混账的要求，老实无能的李德仁被活活气死。

李德仁死后，李德义夫妇和大嫂分了家各过各的。大嫂陈氏委曲求全，带着神奴儿搬出去另住。几个月后，大嫂管家的老院公带了神奴儿到街上玩耍。神奴儿在街市上吵闹要"傀儡儿（木偶）耍子"。老院公没办法，只好让神奴儿在桥边站着，自己去买傀儡儿。喝得半醉的李德义正好经过，神奴儿叫了一声叔叔，李德义"这个老弟子孩儿，我两房头，则觑着神奴一个。倘若马过来踏着孩儿呵，可怎了也"！算是发善心，把神奴儿带回家中。神奴儿还不愿去，只说"婶子利害"。李德义说，"不妨事，放着我哩"。抱着神奴儿就走，一头撞上了一个开封府的衙役何正。何正先打招呼"哥哥休怪，是在下不是了也"。可李德义仗着酒劲，顺嘴开骂："村弟子孩儿，你眼瞎？撞了我打是么不紧。我两房头则觑着这个神奴孩儿，就如珍珠一般，倘若有些好歹怎了？你是个驴前马后的人。兀那厮，你不认的我？我是义门李家，我是李二员外。你知道我那住处么？下的州桥往南去，红油板搭高槐树，那个便是我家里。"何正火了也咒骂：你从此要小心过日子，"你若犯在我那衙门中，该谁当直，马粪里污的杖子，一下起你一层皮。李二，咱两个休轴头儿厮抹（纠缠）着。"

李德义吵了一架，把神奴儿领回家，就醉倒上床睡过去了。王氏一直图谋"要所算了那小厮，家私便都是我两口儿的"。见李德义抱回神奴儿，趁着李德义睡着了，就拿条绳子把神奴儿给勒死了。李德义醒过来，先一顿埋怨，可经不住王氏的毒计："这也容易，你抱将他来，别人又不知道。我和你把这小厮埋在阴沟里。……着石板盖上，再垫上些土儿，踹一踹，便有谁知道？""眼见的神奴儿勒杀了也，家私都是我的。天那！我有这一片好心，天也与我半碗儿饭吃。"

糊涂官办成的冤案

那边老院公找不到神奴儿,急得团团转。回家报告陈氏,陈氏更是六神无主,到处求人,"一壁厢说与厢长,一壁厢报与坊正,恨不的(得)翻过那物穰人稠卧牛城,街衢巷陌,张三李四,赵大王二",都来帮忙找孩子,却都没有人回应。

和所有的古代戏剧一样,冤屈致死者,他们鬼魂的气场总是分外强大。神奴儿在世时只是个顽皮的孩子,到了阴间却分外能干了。先是托梦给老院公,告诉被害经过:"我在那州桥上等你。却遇着俺叔叔,抱的俺家去。俺婶子将绳子勒杀我,埋在阴沟里面石板底下压着。老院公,你与俺做主。"

老院公和大嫂陈氏因此去李德义家寻找,李德义的浑家王氏见陈氏和院公来找神奴儿,反而倒打一耙,和李德义一起诬赖大嫂陈氏:"这妇人年纪小,守不的那空房,背地里有奸夫所算了他孩儿,故意的来俺这里展赖。"倒过来威胁陈氏:"你若是官休呵,我告到官中,三推六问,吊拷绷扒。你无故因奸气杀俺哥哥,谋害了侄儿,不怕你不招;你若是私休呵,你将那一房一卧都留下,则这般罄身儿出去,任你改嫁别人,这个便是私休。"

陈氏自然不愿屈服,叔嫂到县衙门打官司。想不到本县县官是个糊涂蛋,李德义恶人先告状:"这个是我嫂嫂,背地里有奸夫,这老子(指老院公)他尽知情。气杀了我哥

哥，所算了我侄儿，都是这妇人。告大人与小的做主。"县
官一听就糊涂："那人命事，我那里断的？张千与我请外郎
来。"请来"外郎"（书吏）"姓宋名了人，表字赃皮"，
是个贪赃枉法的主。见了李德义，先记仇，想起有一天巡街
经过李家门口，要李德义借个凳子坐坐，李德义还不肯，就
要衙役把李德义拉出去先打一顿再说。李德义见风头不对，
赶紧把手心里攥的银子递过去。宋了人得赃转风头，"这个
是人命的事。看起来这个妇人，是个不良的。"立刻动用刑
讯痛打陈氏，又把老院公痛打一顿，要他招供陈氏有奸情、
气死丈夫、害死儿子。院公气得大骂这外郎是"纯面搅则是
一盆糊"。陈氏吃不住酷刑折磨，"我是好人家女，好人家
妇，我那里受的这等拷打，我葫芦提（元代俗语，糊涂）招
了罢。是我有奸夫，气杀丈夫，所算了孩儿，都是我来。"

神奴申冤包公神断

这边糊涂官吏算是结了案，没几天这县官就任满替代。
恰好包拯"西延边赏军回来，到这汴梁城中"。在路上遇到
神奴儿鬼魂形成的阴风拦路，在包公的马头前转。"别人不
见，惟有老夫便见，马头前一个屈死鬼魂。"包拯便招呼鬼
魂，"你有甚么衔冤负屈的事？跟老夫开封府里去来。"

包公进了开封府，立刻提审这件案件。而陈氏早准备
了申冤词语，赶紧鸣冤叫屈。包公也觉得一个女人要气死亲

夫、勒死亲子，也实在太出乎想象，而且杀人不见尸，又怎么能结案？再询问卷宗里记载的老院公，则已经死在了监狱里，连个证人也没有。

包拯正在为没有证人苦恼，衙门里的衙役何正上厅听令，正好见了李德义，把李德义当作了被告，上去就是一顿暴打。包拯问："何正做甚么，将那李德义这般打也？"何正答的也妙：大人断事，小的们服事的人，"官不威牙爪威"。他还要再去打李德义，惹恼了堂上的包公，叫手下把何正扭住，"你为甚么将这李德义来揪拽揎打？必然官报私仇。说的是万事都休。说的不是，将铜铡先切了你那驴头。"何正只好将前几天在街上和李德义冲撞争吵的事情说了一遍，"只是报州桥左侧毁骂这场的仇恨"。何正的这番话正好证实李德义那天手里抱着神奴儿。包拯立刻追问李德义，那天把神奴儿抱到哪里去了？李德义供述："我抱了家去，分付与妻子王氏来。"

包拯就命令何正去李家传王氏。何正也把李德义的家记得很牢，"下的州桥往南去，红油板搭高槐树"。王氏被传到庭，仍然嘴硬："大人，小儿犯罪，罪坐家长，干小妇人每（们）甚么事？"包拯假意放她走，结果王氏刚到了衙门门口，就被神奴儿的鬼魂揪住一顿打，连忙认罪："气杀伯伯也是我来，混赖家私也是我来，勒杀侄儿也是我来，是我来，都是我来。"包拯知道是"门神户尉"阻挡了神奴儿的鬼魂进衙门，赶紧要何正在衙门大门口烧了盖了自己官印的纸钱，"邪魔外道当拦住，只把那屈死的冤魂放过来"。神奴儿的冤魂直到包拯公案前，把前因后果一诉说，案件水落石出。

于是包公判决："一行人听我下断：本处官吏，不知法律，错勘平人，各杖一百，永不叙用。"——这个判决符合法律。"王腊梅不顾人伦，勒死亲侄，市曹中明正典刑。"——这个判决也符合法律。

"李德义主家不正，知情不首，杖断八十。"——这个判决就有点"葫芦提"，不要说李德义应该算是王腊梅的同谋，至少他出面诬告大嫂就理应反坐杀人罪名，虽然罪不至死，也要流放三千里。况且"知情不首"，恰恰夫妻是法律允许的容隐范围，除非是谋反大逆的极端重罪，老公包庇老婆，完全合法。

"何正路见不平，拔刀相助，重赏花银十两。"——这里没有再提何正"官报私仇"的行径了。

"将应有的家私，都与李阿陈（即陈氏）永远执业。设一个黄箓大醮，超度神奴儿升天。"——这个也是没有道理的判决，李德义已被摆脱了同谋杀人罪名，既然只判了一个"知情不首"，就没有赔偿全部财产的道理。因此实际上这里应该是对李德义的诬告罪在进行处罚，因李德义的诬告导致陈氏受刑、老院公冤死，应该是拿他那一房的财产作为赔偿费用赔给陈氏，才符合当时的法律。

表彰并不等同于法律

这个案件过程并不复杂，也没有着意去展现包公的智慧，只是赋予包公能够体察鬼魂冤情的神通。但是这个剧目里，父亲被气死、儿子被勒死，从古代人眼光来看，李家绝后，是一大悲剧。

这个悲剧全由于兄弟同居所导致，那么古代法律是否强制规定必须兄弟同居、不得分家？

回答是否定的。

虽然印象里中国古代一贯提倡累世同居的大家庭，但实际上从我们现在能够看到的最早的古代法律条文，却是强制执行小家庭制度，要求已婚成年男子必须单独成立家庭、申报户口。这就是公元前4世纪秦国商鞅变法的制度。"民有二男以上不分异者，倍其赋"，一家之中，有两个以上成年的儿子仍然和父母同居的，他们的人头税就要加倍征收，这个称之为"分异令"，一直实施了五百多年，一直到汉朝灭亡，曹魏制定法律，才明确规定"除异子之科，使父子无异财也"，这样的强制分居制度才告结束。

曹魏以后的历代朝廷，教化民众的基本原则是鼓励大家庭"同居共财"，凡是累世同居的大家庭，都会像这个剧目中的李氏家庭那样得到朝廷的表彰，"敕赐义门李家"，树立孝义牌坊。特别规定减免大家族的赋税负担，赐予一些社会特权，给予子孙科举考试身份，等等。

可是历代朝廷在立法上，并不因此就禁止"分家析产"。毕竟，大家庭分裂出更多的小家庭，就是为国家创造更多的户籍人口，可以为国家按户征收赋税创造财源。可是儒家的指导原则又是强调大家庭制度的，儒家已经成为历代朝廷的政治法律指导思想，那怎么来协调财政收入实际需要和宣扬儒家意识形态之间的这个矛盾？

古代法律采用的办法也很简单，就是"分家析产"的先决条件，必须要得到家长的同意。只要家长同意，儿子们"别籍异财"就是合法的。如果家长不同意，儿子自己分家另过，就是犯罪行为，而且是极其严重的犯罪，是入了十恶大罪的"不孝"，不得被一般的大赦令赦免，即便是具有特权的权贵分子，也不能援引各种特权来免于处罚，总之是十恶不赦的罪名。只不过，实际上这个十恶不赦的罪名处罚并不重，唐朝、宋朝的法律规定是徒刑三年，到了明清，只是杖一百的刑罚。

而家长如果不在了，就像这出戏里的李家兄弟的情况，弟弟确实有权利提出分家，法律上并没有赋予哥哥否决权。兄弟同居的家庭在有成员提出分家的时候，无论是法律条文上还是在司法实践上，都允许分家析产。

因此这个悲剧色彩的包公戏，给我们揭示了古代法律的两面性。法律考虑更多的还是实际利害关系，包括政府的财政收入和家庭实际经济利益潜在的冲突。显示出中国古代法律并不一味地追求儒家的高标准严要求。

5

包待制智勘灰栏记

元代作家李行甫（李潜夫）创作的杂剧《包待制智勘灰栏记》，是一出具有世界声誉的包公戏。很早就传播到国外，有多种外文译本。1933年被选入《世界戏剧》一书，由英国伦敦阿普尔顿出版公司出版。德国现代戏剧家布莱希特还将这个剧目改编为《高加索灰栏记》，广为传播。

谋杀亲夫的重案

《灰栏记》故事讲的是宋朝的时候，郑州城里有个有钱的马均卿"马员外"，家里有个大娘子，长得一般，全靠涂脂抹粉遮盖，"我这嘴脸实是欠，人人赞我能娇艳。只用一盆净水洗下来，倒也开的胭脂花粉店"。马员外看中了城里妓院里的名妓张海棠。这张海棠家里"祖传七辈是科第人家"，可她父亲早死，哥哥张林读书又不成。家业凋零，母亲刘氏靠张海棠"卖俏求食"。马员外喜欢张海棠，给了刘氏100两银子，将张海棠娶到家里当二房。

马均卿的大娘子没有生育，张海棠到了马家就为马家生了一个儿子，由此更得马员外宠爱。而马员外的大娘子横生嫉恨，私下和郑州衙门里的赵"令史"（衙门书吏）勾搭成奸。两人商量谋害马均卿，嫁祸张海棠。

张海棠生育的儿子寿郎做5岁生日的时候，正好哥哥张林找到马家，想向张海棠要点盘缠，去开封府做个"公人"（为官府当差的衙役）。张海棠不答应，连家门也不让进。张林很气恼，巧遇的大娘子却很客气，出主意要张海棠将员外给她的头面衣饰给张林做盘缠，拿出去后却对张林说："那（哪）知道你家妹子，这般个狠人，放着许多衣服头面（饰品），一些儿不肯与你，只当剔他身上的肉一般。这几领衣服，几件头面，是我爹娘陪嫁我的，送与舅舅，权做些儿盘缠使用。舅舅，你则休嫌轻道少者。"由此离间了兄妹，赶走了张林。

马均卿为了儿子寿郎的5岁生日，到各寺院烧香。转了一圈回到家，见张海棠的衣服头面少了很多，大娘子挑拨说："你因为他生了孩儿，十分的宠用着他。谁想他在你背后，养着奸夫，常常做这不伶俐的勾当。今日我和员外烧香去了，他把这衣服头面，都与奸夫拿去，正要另寻甚么衣服头面，胡乱遮掩，被我先回去撞破了。是我不许他再穿衣服，重戴头面，只等员外回来，自家整理。"马均卿也听信，把张海棠打了一顿。

马均卿想吃碗热汤，大娘子叫张海棠去厨房烧好端来，趁机加了毒药，把马均卿毒死。"眼见的四体难收一命亡，撇下多少房廊，几处田庄，两个婆娘，五岁儿郎。"

大娘子立刻发丧，要赶走张海棠。张海棠请求带走寿郎，大娘子说，寿郎"一向在我身边，煨干避湿，咽苦吐甜，费了多少辛勤，在手掌儿上抬举长大的，你就来认我养的孩儿，这等好容易！你养了奸夫，合毒药谋杀了员外，更待干罢！你要官休，还是要私休？""你要私休，将一应家财房廊屋舍带孩儿都与了我，只把这个光身子走出门去；你要官休呵，你药死亲夫，好小的罪名儿！我和你见官去。"不料张海棠情愿打官司，不愿受委屈。

妻妾对簿公堂

大娘子请来赵令史，为打官司出主意。赵令史说打官司要赢，这个容易。"只是那小厮，原不是你养的，你要他怎的？不如与他去的干净。"大娘子说："你也枉做令史，这样不知事的。我若把这小厮与了海棠。到底马家子孙，要来争这马家的家计，我一分也动他不得了。"大娘子于是把"收生老娘，街坊邻里"，统统收买下来为自己做证见，"这衙门以外的事，不要你费心，你只替我打点衙门里头的事便了。"

郑州的太守苏顺本是个糊涂官，"虽则居官，律令不晓。但要白银，官事便了"。郑州百姓因他疲软无能，起个绰号"模棱手"（处事惯于模棱两可）。他开庭审理这马家妻妾争讼，见大娘子"久惯打官司的，口里必力不刺（象声词，相当于噼里啪啦）说上许多，我一些也不懂的"，于是叫赵令史来主审。赵令史找来"收生的刘四婶，剃胎头的张大嫂，并邻里街坊"，果然都"证明"，说是大娘子生育了寿郎。赵令史将张海棠一阵拷打，张海棠屈打成招，承认"药杀了丈夫，强夺他孩儿，混赖他家私"。

刚一下堂，张海棠叫了声冤屈，又被赵令史掌嘴。"我这衙门问事，真个官清法正，件件依条律的，还有那个清官清如我老爷的？"苏太守自己也说："今后断事我不嗔，也不管他原告事虚真。笞杖徒流凭你问，只要得的钱财做两分（份）分。"

郑州衙门点了董超、薛霸两个衙役，押送张海棠到开封府定罪去，赵令史和马家大娘子给了他们俩各五两银子，要他们在半路上害死张海棠。一路上风雪交加，苦不堪言。却恰巧遇到张林。原来张林到开封，真的做了衙役，还当了"五衙都首领"（衙役的头目），正要去迎接延边赏军归来的包公。由此阻止了董超、薛霸的阴谋，一起陪着妹妹来到开封府。

灰栏测试见亲情

包公在开封府见了郑州送来的公文就有怀疑，"因奸药死丈夫，强夺正妻所生之子，混赖家私，此系十恶大罪，决不待时的。我老夫想来，药死丈夫，恶妇人也，常有这事。只是强夺正妻所生之子，是儿子怎么好强夺的？况奸夫又无指实，恐其中或有冤枉。"

包公提审此案，听了张海棠的申诉，又传了大娘子到庭，以及被大娘子买通的一干旁证的证词。然后包公叫张林上来，"取石灰来，在阶下画个栏儿。着这孩儿在栏内，着他两个女人，拽这孩儿出灰栏外来。若是他亲养的孩儿，便拽得出来；不是他亲养的孩儿，便拽不出来。"连着试了两次，都是大娘子把孩子拽到手里。

包公于是假意要打张海棠，张海棠哭诉："妾身自嫁马员外，生下这孩儿，十月怀胎，三年乳哺，咽苦吐甜，煨干避湿，不知受了多少辛苦，方才抬举的他五岁。不争为这孩儿，两家硬夺，中间必有损伤。孩儿幼小，倘或扭折他胳膊，爷爷就打死妇人，也不敢用力拽他出这灰栏外来，只望爷爷可怜见咱。"

包公断定："律意虽远，人情可推。古人有言：视其所以，观其所由，察其所安，人焉廋哉！人焉廋哉！（《论语·为政》）你看这一个灰栏，倒也包藏着十分利害。那妇人本意要图占马均卿的家私，所以要强夺这孩儿，岂知其中真假，早已不辨自明了也。本为家私赖子孙，灰栏辨出假和真。外相温柔心毒狠，亲者原来则是亲。"

包公已经听说郑州衙门里的赵令史和马家大娘子有奸，派人把赵令史抓来。到案后这赵令史声辩说："难道老爷不看见的，那个妇人满面都是抹粉的，若洗下了这粉，成了甚么嘴脸？丢在路上也没人要，小的怎肯去与他（她）通奸，做这等勾当！"可张林作证，说那天见大娘子和赵令史在路上嘱咐董超、薛霸，要害张海棠。赵令史见势头不妙，立刻承认："小的与那妇人往来，已非一日，依条例也只问的个和奸，不至死罪。这毒药的事，虽是小的去买的药，实不出小的本意。"被赵令史这么一咬，大娘子只得也认罪。

包公最后判决：

"郑州太守苏顺，刑名违错，革去冠带为民，永不叙用。"

苏顺错判案件，收受贿赂，真的按照古代法律，是"故入人罪""受财枉法罪"这样两项重罪，包公却只判决罢官除名（永远不可做官），这大概是因为判决官员需要皇帝批准，剧作者为省略情节，就只做一个罢官为民的行政处罚了。

"街坊老娘人等，不合接受买告财物，当厅硬证，各杖八十，流三百里。"这项判决也有点问题。伪证罪在中国古代称之为"证不言情"（证言未说明实际情节）罪，主要看产生的后果，如果被告确实因为伪证而被处刑，伪证者比照诬告罪，反坐被告已受的刑罚。没有形成被告被误判的结果，就是轻罪，处杖八十都已过重。而"流刑"是仅次于死刑的重刑，古代各代法律里，流刑都是分为流二千里、二千五百里、三千里三等，这里判决流三百里，历代法律都没有这样的规定。

"董超、薛霸，依在官人役，不合有事受财，比常人加一等，杖一百，发远恶地面充军。"这里判决的"充军"是金元以后才有刑罚，这样的量刑实际上是元朝法律的规定。

"奸夫奸妇，不合用毒药谋死马均卿，强夺孩儿，混赖家计，拟凌迟，押付市曹，各剐一百二十刀处死。"谋杀亲夫确实是死罪，唐宋只是处斩首，元代法律加重到凌迟（也就是民间所说的"剐"，一刀一刀切割罪人身体使之缓慢而痛苦的死亡）。但是奸夫只是斩首。

最后"所有家财，都付张海棠执业。孩儿寿郎，携归抚养。张林着与妹同居，免其差役。"有很大的问题，下文解释。

众源汇成的智慧故事

《灰栏记》这个故事有多种来源。东汉的著作《风俗通》中记载有西汉颖川太守黄霸的故事。说颖川有富室，兄弟同居，两妯娌都怀孕。大嫂的孩子流产了，大嫂就抢了弟媳生的儿子。双方争讼了三年，官府无法断决。报到太守黄霸衙门里，黄霸派人抱着那个小孩子站在院子里，命令两妯娌来抢，谁抢到就是谁的孩子。黄霸观察到那个大嫂抢夺的动作很大，而那个弟媳妇"情极凄怆"，缩手缩脚。黄霸痛骂大嫂："你不过是贪多分家财，根本不顾及孩子的安危，这事太明显了。"大嫂只得服罪，孩子归弟媳。

古印度的佛教经典《贤愚经》，一名《贤愚因缘经》十三卷，在北魏太平真君六年（445年）由凉州（今甘肃武威）沙门慧觉（一作昙觉）等译为中文。《贤愚经》主要讲述佛陀前生作菩萨时的种种本缘经历故事，援引了印度当时的许多民间故事。其中第十一卷也有类似的故事。说有两个争夺婴儿的妇女来求见国王，国王命令两人各牵孩子的一只手，能够用力把孩子拉到自己一边来的，"谁能得者，即是其儿"。国王观察到有一个妇女"尽力顿牵，不恐伤损"，而另一个"随从爱护，不忍扯挽"。国王由此判断真伪。

而在西亚古希伯来人的《旧约·列王纪上》上，载有所罗门王故事，也是如出一辙。说是有两个妓女来，站在国王面前，请国王判断孩子是谁的。国王就吩咐说："拿刀来，将活孩子劈成两半，一半给那妇人，一半给这妇人。"一个妓女急忙求饶，说："求我主将活孩子给那妇人吧，万不可杀他。"另一则说："这孩子也不归我，也不归你，把他劈了吧。"国王于是判决："将活孩子给这妇人，万不可杀他。这妇人实在是他的母亲。"

在这三个故事里，自然是所罗门王的故事时间最早，

《贤愚经》次之，《风俗通》最晚。很有可能是各地民间逐渐传播而形成的。

墙里开花墙外香

布莱希特的《高加索灰栏记》的"楔子"中，作者借剧中角色的说明，明确地告诉我们故事题材的来源："一个非常古老的传说。它叫《灰栏记》，是从中国来的。当然，我们的演出在形式方面做了更动。"

《高加索灰栏记》中的故事发生在中世纪的格鲁吉亚，在一场暴动中，总督被杀。总督夫人仓惶出逃时只顾惜金银财物，自己的亲生儿子小米歇尔被她遗弃。善良的帮厨女佣人格鲁雪·瓦赫纳采冒着生命危险，毅然救出了孩子，并经历千辛万苦将他抚育成人。叛乱平息后，总督夫人为了继承遗产，强行索要孩子。

法官阿兹达克巧用灰栏断案的办法，总督夫人贪财残忍，不顾孩子死活拼命往外拉扯，而格鲁雪则由于历经艰辛抚养过孩子，不忍心孩子被拉伤。故事的结局与元杂剧不同的是：小孩不是判给其生母，而是判给抚养他的女佣格鲁雪。因此布莱希特在另外一个更广阔的社会背景之下，升华了《灰栏记》的原主题，歌颂了处于社会下层的普通人的崇高品格。

令人极其诧异的是，《灰栏记》在中国的命运远不如在国外那般地走红。尽管后世包公小说、包公戏层出不穷，可是都有意无意地避开了这个故事。明代的传奇、南戏剧目里很难发现这个故事。明代的小说《百家公案》，将历史上流传的包公以及不是包公的离奇破案故事几乎一网打尽，可就是找不到这个"灰栏记"。晚清的《三侠五义》，再次集包公故事之大全，却依旧没有这个故事。近代各类戏曲中的包公戏剧目，大多来自于《三侠五义》，也就因此都没有这个精彩的故事。

违反礼法原则的故事

这个问题说起来是个传播学的问题，可是归结到底，却依然是个法律文化的问题。

这个剧目从古人的眼光来看，实际上是相当的"离经叛道"。戏里的主人公张海棠，妓女出身的小老婆，在丈夫死后，要和大老婆争夺儿子，这在中原汉族传统的法律里，以及正统的家族伦理里都是行不通的。

首先，儿子尽管是小老婆亲生的，但是在中国古代的家庭中，小老婆养的儿子，在法律上的"嫡母"，就是丈夫的大老婆、正妻。所以实际上根本就没有争夺的必要，大老婆做母亲的名分依然存在。

其次，无论何种情况发生，儿子总是属于男方家庭的。小老婆被丈夫赶出家门或者丈夫死亡，都没有小老婆带走儿子的道理。

再次，丈夫死亡的情况下，大老婆自然接替家长位置，家产自然属于她来掌管——理论上是替儿子在掌管，最后还是要由儿子来全部继承。因此马均卿的大老婆大可不必这样大费周章，所谓的"官了""私了"，是没有意义的。实际上按照法律，就是"私了"这一条路。所以应该是张海棠主动起诉大老婆毒死丈夫，才有可能获得儿子，这才是获得家产的办法。

那么为什么李行甫会这样写呢？只能推测是当时被社会主流抛离了的士大夫们对传统法制甚至伦理的怀疑，以及为了取悦于他们栖身的勾栏女子，特意为她们写一个能够昂首做人的故事。

而元朝以后，读书人都回归到社会主流，读书，参加科举考试，进入特权阶层，成为士大夫，因此也就不会对这个离经叛道的故事感兴趣，这出戏也就不再有被士大夫改编的可能性。明代建立后，明太祖朱元璋视清扫"胡俗"为要务，大力在民间推行礼教教化工作，妻妾身份被礼教和法律固定，民间的说唱艺术也不会去传播这个小老婆可以和大老婆抢儿子、抢家产的故事，因此这个故事也就不会被编入有关包公传奇的小说故事集。久而久之，这个扬名域外的名剧就在中国本土消失了。

6

王月英元夜留鞋记

《王月英元夜留鞋记》，是元代不知名作家编写的杂剧，也有的人认为该剧就是元代作家曾瑞《才子佳人误元宵》的另一个名称。这个剧目是包公戏里少见的爱情戏，黑脸的包公在这出戏里，俨然成了一个成人之美的好月老。后来被明代作家童养中改编为《胭脂记》，一直到近代仍有演出。

胭脂铺里一见钟情

这个包公戏的情节比较简单。说的是开封城大相国寺西边，有个小小的胭脂铺子。开铺子的是母女二人。母亲李氏，王姓丈夫已亡故，家中唯有一个女儿，名叫王月英，"年长一十八岁，未曾许聘他人"。李氏为此，忧心不下。

总想找一户好人家，将来养老有靠。有一天，李氏为了家务事要出门，铺子就由女儿王月英带着个丫鬟小梅香照看。

也就在年底的时候，有个姓郭名华字君实的洛阳小伙子，来汴梁考科举。"年长二十三岁，未曾娶妻。"他们家只有父亲郭茂，母亲亡逝，后代只有郭华一人，没有其他兄弟姐妹。这户人家"祖上以来，皆习儒业"。郭华"学成满腹文章，更兼仪表不俗"，"自谓状元探手可得，岂知时运不济，榜上无名"。

科举考试不得意，小伙子却在情场上有点得意：经过相国寺西这座胭脂铺，看见"一个小娘子生得十分娇色。与小生眼去眉来，大有顾盼之意"。由此尽管考试结束，已经发榜，自己名落孙山，依然不肯回家，常常借着买胭脂粉的由头，去胭脂铺子里看看王月英，擦擦眼药。买来的胭脂粉大多顺手就撒在了洛河之中。可是在铺子里当值的常常是母亲李氏，有时母女同在，郭华也没有办法搭讪。

这天郭华瞄到铺子里只有王月英，就赶紧踱进铺子，想与那小娘子说句知心的话。见了王月英行揖，说是要买几两胭脂粉。王月英见好个聪俊的秀才，连忙道了万福，要梅香去问："你买这胭脂是做人事送人的，还是自己要用的？""你问我怎么？"梅香："你若自用，我取上等的与你；若送人，只消中样也够了。"郭华："你不要管我，只把上好的拿来，我还要拣哩。""小娘子，这胭脂粉不见好，还有高的换些与我。"两个人借着挑选货色的由头眉来

51

眼去，趋前退后，"待言语却又早紧低头"。

酒醉误幽会

就因为在铺子里看了这么一眼，王月英就喜欢上了那郭秀才，"情怀欠好，饮食少进，眼看憔瘦"，患上相思病。王月英也只能和丫鬟小梅香说说心事，"若得个俏书生早招做女婿，暗暗的接了财，悄悄的受了礼，便落的虚名儿则是美"。

当然接下来的故事就是《西厢记》的翻版了，自告奋勇牵线搭桥的，总是有胆有义的丫鬟梅香。王月英请小梅香牵线搭桥："你若去时呵，我索与你金环儿重改造，鹤袖儿做新的。……何须寻月老，则你是良媒。"王月英关照："（我）亲笔写下一首诗在此，你与我送与那生去咱"，就将"这锦纹笺为定礼"。

王月英遣派梅香送的诗简，口信是当晚在大相国寺观音殿相会。那天正好是正月十五元宵节。郭华情场得意，未免有点忘形，恰巧一帮朋友拉了他赏灯喝酒，高兴头上，多喝了几杯。夜深之时，总算推脱开，独自悄悄来到大相国寺的观音殿，王月英还没有来，"这一回酒上来了，且在此等待着小娘子，权时盹睡咱"。一睡就睡了个烂熟。

那边王月英和梅香借着观灯的借口骗过母亲，前往大相国寺，可在路上又被社火游人拦挡，一点点路足足走到三更时分，才进得观音殿，却见到个"困腾腾和衣倒在窗儿外"的秀才郎。王月英上前叫唤，郭华仍然是沉醉不醒，拉他头巾带也拉不醒，叫也叫不醒，推也推不醒，"却原来醉醺醺东倒西歪"。眼看更深，怕母亲责怪，王月英只好依依不舍地离去。为了表示自己已经来过，王月英把一块香罗帕包着一只绣鞋儿，放在郭华怀中，以为表记。

定情罗帕惹大祸

郭华凌晨醒来，发现怀中的香罗帕和绣鞋。"这鞋儿正是小娘子穿的!他必定到此处来，见我醉了睡着了，他害羞不肯叫我，故留绣鞋为记。小娘子，你有如此下顾小生之心，我倒有怠慢姐姐之意。这多是小生缘薄分浅，不能成其美事，岂不恨杀我也!"

懊悔之余，这书呆子秀才就因为好事多磨想不开，"要我这性命何用？我就将这香罗帕儿咽入腹中，便死了也表小生为小娘子这点微情。""苦为烧香断了头，姻缘到手却干休。拼向牡丹花下死，纵教做鬼也风流。"于是硬生生把香罗帕吞进口中，噎倒闷死在地上。

第二天一大早，因为时遇元宵节令，大相国寺要大开山门，让游人玩赏。相国寺的殿主命令小和尚们巡视殿宇两廊灯烛香火。一个小和尚在观音殿里发现了怀揣一只绣鞋死在地上的窝囊秀才郭华。小和尚怕惹事端，拖起郭华往山门外挪。不料正好郭华的琴童因主人一夜未归，记得说是到大相国寺看灯的，就到相国寺来找，一头撞上拖着郭华的小和尚，上前一摸，郭华身上早已冰凉。于是大喊："俺主人在你寺里做的事，你必然知情。你如今将俺主人摆布死了，故意将这绣鞋揣在怀里。正是你图财致命，便待干罢！我将这尸首亭（停）在观音殿内，明有清官，我和你见官去来！"一把揪住小和尚，拉拉扯扯往开封府去了。

俗话说"人间私语，天闻若雷。暗室亏心，神目如电"。在观音殿里儿女那点私情，哪里瞒得过神道法眼呢？在相国寺的护法伽蓝，奉了观音菩萨的法旨，"因为秀才郭华与王月英本有前生夙分，如今姻缘未成，吞帕而亡。那秀才年寿未尽，着他七日之后，再得还魂，与王月英永为夫妇。"护法伽蓝叫了手下的鬼力，保护好郭华尸首。

鬼门关接回来小秀才

这出戏演到了这个份上，自然应该一号主人公包拯出场了。这位"廉能清正，奉公守法，圣人敕赐势剑金牌，着老夫先斩后奏"的大法官，一早刚升堂问事，那边郭华的书童就大喊冤枉，把那小和尚揪上了堂。

包公简单一问，就搞清了状况，"这件事必有暗昧"。先下令将琴童共和尚都收在牢里。暗中布置一个衙役张千，"扮做个货郎，挑着这绣鞋儿，体察这一桩事。若有人认的呵，便拿他见老爷去，自有发落"。

张千摇着拨浪鼓，货郎担上挂着那只惹祸的绣鞋，一路晃悠，来到王家胭脂铺门前。王月英的母亲，因王月英和梅香回来后只推说"看花灯耍去，失落了一只绣鞋儿，无处寻觅"也就信了。她去亲戚家吃筵席回来，远远地看见一个货郎儿，担上挂着一只绣鞋，好似自己女儿的，上前询问。张千确证绣鞋是王月英的，上前一把扯住李氏："好呀，这只绣鞋儿不打紧，干连着一个人的性命，我拿着你见官去来!这的是踏破铁鞋无觅处，得来全不费工夫。"又从铺子里叫出了王月英和梅香，一起带到开封府。

包公升堂，审问王月英，问清楚是卖脂粉的本分人家，"本是个守农庄百姓家"。追问"你既是个女子，怎生不守闺门之训，这绣鞋儿却揣在郭华怀中？有何理论，从实招来，休讨打吃"。王月英开始还有点害羞抵赖，说不认识郭华。包公索性说破："眼见得这绣鞋是与他做表记了。""你还不实说！左右，选大棒子打着者。"王月英吓坏了，只好供认："当此一夜，还有个香罗帕，同这绣鞋儿，都揣在那秀才怀中，见的我留情与他的意思，岂知倒害了他性命。好可怜人也！"包公说："哦，元（原）来还有个香罗帕儿。你是未嫁的闺女，可也不该做这等勾当。"王月英只好感叹："本待望同衾共枕，倒做了带锁披枷。这一场风流话靶，也是个欢喜冤家。"

绣鞋、香罗帕搞清楚了来历，可是没有办法搞清郭华是怎么死的。包公下令："张千，将这王月英押去相国寺观音殿内，看着尸首，寻那香罗帕去。若有了呵，我自有个处治。小心在意，疾去早来。"

到了相国寺观音殿里，张千叫王月英在张华尸首上找那香罗帕。王月英哆哆嗦嗦地上前看了看，见郭华的嘴角有个手帕角儿，张千叫她扯出来看看。猛地一拉，香罗帕到手，那边郭华长叹一声，也从地上爬起身来。王月英和张千都吓了一大跳，"秀才，你休唬杀我也"。郭华见了王月英却是喜出望外："小娘子，我和你相见，知道是睡里梦里？"起身就要搂抱，被王月英害羞推开。

包公断风流案件

包公特意坐晚衙，专等张千回话。张千把活过来的郭华和王月英一起带回开封府复命。见了郭华，包公立即审问，郭华一五一十坦白："小生西京人氏，因应举不第，去买胭脂，遇见这小娘子，在于胭脂铺内。四目相视，甚有顾盼之意，争奈他母亲在堂，难以相约。不意小娘子暗着梅香，将一首诗约小生元夜到相国寺赴期。小生因酒醉睡着了，小娘子后至，呼唤不醒，诚恐失信，将绣花鞋一只，香罗帕一方，揣在小生怀内，含羞回去。小生醒来，悔之不及，吞帕于腹，堵住口中之气而死，今日已经七日光景。恰才王月英同大人差的公人，看见小生口角微露手帕，因而扯将出来，小生遂得还魂。只望大人可怜见，并不干王月英之事，委实小生自行残害。乞大人做主咱！"

包公搞清了基本事实，下一个针对王月英的问题却出乎所有人的意料："那郭秀才到你铺里买胭脂，你曾接受他多少钱哩？"王月英只好估计说是："使钱早使过了偌多千。"包公也笑："他是个读书人，买你胭脂做甚（什么）？"王月英也知道："奈胭脂不上书生面，都将来撒在洛河边，恰便似天台流出桃花片。"

包公说："元（原）来你家接了他许多钱，也当的财礼过了。"他把王月英的母亲叫上来，问："兀那老妇人，你的女儿背地通书约人私合，本等该问罪的。如今那秀才幸得不死，你可肯将女孩儿嫁那秀才么？"李氏倒也开明，说："问我女孩儿，肯便嫁了他罢。"

包公于是下判决："你二人本有那宿世姻缘……今日个开封府判断明白，合着你夫和妇永远团圆。"这叫做"郭秀才沉醉误佳期，王月英元夜留鞋记"。

通书约人私合是否犯罪

那么包公的判决里，"背地通书约人私合，本等该问罪"。古代的法律真有这样的罪名吗？

答案自然是没有的。古代从礼教上讲，确实一直强调男女授受不亲，不应私下来往，婚姻必须有"父母之命、媒妁之言"。但是并不因此就把所有的青年男女的交往都视为犯罪来进行处置。除非是发生了未婚的性行为——统称为"犯奸"——才作为犯罪处置，也不算是重罪。唐朝法律规定，"和奸者，男女各徒一年半"，未婚双方合意的性行为，各处一年半徒刑。这个法律在两宋依旧沿袭。尤其值得注意的是，这条法律并没有明确行奸双方在受了处罚后能否成婚，按照在日本流行的唐代法律文本，据说唐朝的《婚姻令》里有规定，不得"先奸后娶"，可是目前看到的唐宋法律文本里没有这一条，况且也没有先奸后娶应该如何处罚的规定。在创作这个剧目的元朝，法律规定"和奸者，杖七十七"，并明确规定，"诸先通奸被断，复娶以为妻妾者，虽有所生男女，犹离之"。不过后来明清的法律取消了禁止先奸后娶的明文规定，只是规定"凡和奸杖八十"，有意对"先奸后娶"采用模糊处理，只要没有引发重大冲突，视情形予以默认或否认。

因此包公在这里所说的"背地通书约人私合，本等该问罪"，根本是无法可引。不过中国古代法官有一项"自由裁量权"，只要觉得当事人某件事情"不应得为"，就可以酌情处罚，臀杖40—80下。所以也可以说包公的说法还是有法律依据的。

胭脂钱充聘财是否合法

那为什么包公忽然要问郭华前后花了多少钱买了胭脂？这又有什么意义呢？剧中台词原来是这样的："元（原）来你家接了他许多钱，也的当财礼过了。"也就是说，包公将郭华前后买胭脂的钱当作了支付给王月英母亲的聘礼了。

那么视为聘礼有什么法律意义呢？很简单，因为在中国古代法律里，只要女家接受过男方的聘礼，男女双方的婚姻关系就算成立了。

这个原则最早成为正式法律条文的，是在西晋的时候。据说晋朝的晋律，明确"崇嫁娶之要，一以下聘为正，不理私约"。虽然从礼教上讲，男女婚姻关系要经过"父母之命、媒妁之言"以及"六礼"或"三礼"的程序，可是古代的立法者脑子也很清楚，一般的普通老百姓是没有财力也没有精力走这样复杂程序的，要判断双方是否婚姻成立，法律只能采用最简单的方式，那就是男方是否给女方下聘，女方是否接受了男方的聘礼。以后各代的法律都沿袭这个规定。

因此包公在这里是给郭华和王月英一个既成事实的台阶下，免得有违法成婚的通奸嫌疑：反正王家已经接受了上千贯的铜钱，就视同已经接受了郭华的聘礼，双方已是婚姻关系成立，这样相约大相国寺观音殿也就不是预谋通奸。"一床锦被遮过"，秀才配美女，才子得佳人，成全一段好姻缘，而不会给人留下闲话。

从《王月英元夜留鞋记》这出比较特殊的包公戏里，我们可以看到，中国古代的法律文化具有一种"变通"或者叫"权变"的性质，在男女关系上，并不是像我们平时想象的那样需严格遵守的"封建礼教"。礼教的高标准、严要求，并不针对所有的社会成员。

7

包待制智赚生金阁

《包待制智赚生金阁》，是元代一出著名的包公戏剧目，作者有人认为是著名剧作家武汉臣，但也有人认为是其他的未留下姓名的作者创作。明代被作家欣欣客改编为传奇《袁文正还魂记》。

不守本分的秀才

这出戏是一个控诉权贵滥杀无辜的悲剧。

戏中的主人公郭成，是蒲州河中府的一个秀才。娶妻李幼奴，在家耕读，侍奉双亲。有一天郭成因为晚上做了一个噩梦，到市场上找了一个号为"开口灵"的卖卦先生，花了一分银子，卜了一卦。卖卦先生"开口灵"见了卦象大惊，说："此卦有一百日血光之灾，只除千里之外，可以躲避。"

郭成与父母商量，要带了媳妇，同到京城去。一来进取功名，二来躲灾避难。郭老汉答应儿子的请求，并且给了儿子"祖传三辈留下的"一件传家宝："生金阁"。"这生金阁儿，放在那有风处，仙音嘹亮。若无风呵，将扇子扇动他，也一般的声响。"郭老汉交代："你将的去，则凭着这生金阁上，也博换得一官半职回来也。"老汉想要儿子把这宝贝献给朝廷，来获得一官半职。

郭老汉无论如何也没有想到，他给儿子这个生金阁，恰恰成了郭成的催命符。当郭成来到开封城外，正遇漫天大雪。为了避寒，郭成和妻子躲进一个酒店，喝几杯热酒暖身。恰巧遇上了开封城里的恶霸庞衙内。这衙内姓庞名绩，"我是权豪势要之家，累代簪缨之子。我嫌官小不做，马瘦不骑，打死人不偿命。若打死一个人，如同捏杀个苍蝇相似。"

这庞衙内这天正好带了随从去郊外打猎，也到这个酒店避寒。郭成见庞衙内的气势，觉得是个大人物，向店小二打听。小二说："他是权豪势要的庞衙内，打死人不偿命。你问他怎的？"郭成要小二传话，"这里一个秀才，有件稀奇宝贝，献与大人"。店小二都觉得不合适，一门心思想攀附的郭成却说不妨事。

店小二向庞衙内报告了，庞衙内自己都觉得奇怪，"这厮敢不是我这里人么？他不知道我的性儿？躲也躲不迭哩。

他要来见我，着他过来。"郭成介绍自己是想进京赶考的秀才，庞衙内不相信这穷秀才有什么宝贝，"我那库里的好玩器，有妆花八宝瓶，赤色珊瑚树，东海虾须帘，荆山无瑕玉，瞻天照星斗，没价夜明珠，光灿灿玻璃盏，明丢丢水晶盘，那（哪）一件宝物是无有的？休说你这生金阁儿，便是纯金盖一间大房子也有哩。"郭成取出"生金阁"当场演示，庞衙内果然觉得是件宝贝。"料着这厮的文章，也不济事，则凭着那件宝贝，要做个官。兀那秀才，你则要做官，这个也不打紧。我与今场贡主说了，大大的与你个官做。小的每（们），便写个帖儿，寄与今场贡主去。说是我说来，就捎一个官儿与他做。"郭成一高兴，叫自己的"丑浑家"过来拜谢大人。想不到庞衙内见这浑家十分标致，动了歪脑筋。说是请郭成夫妇住到自己家里去。

羊入虎口难逃生

到了庞衙内家，庞衙内摆酒请郭成，"你的浑家，与我做个夫人，我替你另娶一个，你意下如何？"郭成当然不同意。庞衙内变了脸色，"这厮好生无礼。小的每（们），拿大铁锁锁在马房里。扶着他那浑家后堂中去。"

为了说动郭成妻子听从自己，庞衙内派了家里的一个嬷嬷去劝说。可嬷嬷听了郭成妻子李幼奴的哭诉，反而心生同情。李幼奴为了表示自己的贞节，"当初只为我生的风流，长的可喜，将我男儿陷害了性命"，就用自己的指甲划破了脸皮。嬷嬷被她感动，更痛恨庞衙内，诅咒庞衙内"他可便遭贼盗值重丧，多不到半月时光，餐刀刃亲赴云阳，高杆首吊脊梁，木驴上碎分张，浑身的害么娘碗大血疔疮"。想不到庞衙内正在偷听，听见嬷嬷的诅咒，"小的每（们），这老贱才骂了我许多，还待赖哩。拿绳子来捆了，丢在八角琉璃井里去。"小厮们果然将嬷嬷扔进了井里，还搬下井栏石往下扔，压着尸首不让浮起来。

庞衙内为了让李幼奴死心，又叫小厮把郭成"就在他浑家跟前，着铜铡切了头"。这时灵异事情发生了，郭成的脑袋虽然被切了下来，可是身子居然不倒，一手拎了自己的脑袋，一跳就跳出了庞衙内家的院墙，把小厮们吓了个半死。小厮向庞衙内报告"刀过头落，那郭成提着墙，跳过头去了。……呸! 是提着头，跳过墙去了"。庞衙内也不去管他，"休要大惊小怪的。不妨事"，布置着第二天正月十五去街上"赏元宵"。那边嬷嬷的儿子福童，乘乱拿钥匙放走了李幼奴。

没头鬼告无头状

第二天晚上庞衙内带着随从去看花灯，郭成的无头鬼魂一路跟随要打庞衙内。庞衙内仓皇逃窜，大街上的行人都乱作一团。正好包公从"西延边赏军回来"，便服微行，到了开封城郊，进酒店歇脚。

包公在酒店里听百姓们说"城里看灯去来，撞见个没头鬼，手里提着头，赶着众人打"。立即赶回开封府。路上果然遇见一阵阴风，"好大风也。别人不见，老夫便见。我马头前这个鬼魂，想就是老人们所说没头的鬼了。兀那鬼魂，你有甚么负屈衔冤的事？你且回城隍庙中去，到晚间我与你做主。"

包公直接到了开封府，要手下的娄青，三更半夜去城隍庙"勾人"，就是"勾"（传唤）那个没头鬼。包公还给娄青一道牒文，算是给城隍爷的照会。半夜里娄青到城隍庙正殿烧了牒文，没头鬼郭成果然显身，跟着娄青到了开封府。到府衙门口，没头鬼被"门神户尉"挡住，还要包公写了"银钱金纸"。"那开封府门神户尉，你与我快传示，莫得延迟。你教他放过那屈死的魂，衔冤的鬼，只当（挡）住邪魔恶祟。"

深更半夜里包公坐堂，没头鬼郭成把冤屈一诉，包公搞清了状况，也已经到了第二天的早上。外面郭成的浑家李幼奴，急于为母报仇的嬷嬷的孩儿福童，一早都来开封府告状。包公将两案一并处理，安排李幼奴和福童住进衙门里的司房。

请君入瓮的破案

包公安排娄青买羊、挂画，把衙门布置成一个宴会场所，派娄青去请庞衙内来赴宴。庞衙内高高兴兴地来赴宴，包公恭恭敬敬给他敬酒，"老夫西延边赏军才回，专意请衙内饮一杯。衙内请坐，老夫年纪高大，多有不是处，衙内宽恕咱。从今已后，咱和衙内则一家一计。"庞衙内很高兴，"老宰辅说的是，和咱做一家一计。"

包公说自己西延边赏军回来，"得了一件稀奇的宝物，一个生金塔儿。塔儿不稀罕，放在那桌儿上，有那虔心的人，拜三五拜，塔尖上有五色毫光真佛出现。"

庞衙内说："这个不打紧。我有小生金阁儿，放在有风处，仙音嘹亮。无风处用扇子扇着，也一般的响动。"

包公假装不信。庞衙内叫手下立刻从家里取来了生金阁，当场演示给包公看。包公假装羡慕不已："衙内，老夫难得见此宝物，怎生借与我老妻一看，可不好那？"庞衙内不知是计："老宰辅将的看去，咱则是一家一计。"

包公把生金阁骗到手，立即翻脸，宣布升堂办案，传李幼奴上堂对质。想不到庞衙内满口承认自己强夺生金阁、杀死郭成和嬷嬷，"是我斗他耍来"。还大咧咧地在口供上签字画押，"是我来，是我来。我左右和老包是一家一计。"包公立刻变脸，把庞衙内上了枷，下到死囚牢里去。宣布判决：

"一行人听我下断：庞衙内倚势挟权，混赖生金阁儿，强逼良人妇李氏为妻，擅杀秀才郭成，又推嬷嬷井中身死，有伤风化，押赴市曹斩首示众。"这个判决基本合乎"杀人偿命"的法律，可是归纳罪名是"有伤风化"，让人有点摸不着头脑。

"嬷嬷孩儿福童，年虽幼小，能为母亲报仇，到大量才擢用。将庞衙内家私，量给福童一分为养赡之资。"许诺福童成年后可以"量才擢用"做官，将庞衙内的家产"一分"作为抚养他的费用。那么这"一分"究竟是十分之一还是一半的意思，剧本并没有讲清楚。

同样，"郭成妻身遭凌辱。不改贞心，可称节妇，封为贤德夫人。仍给庞衙内家私一分，护送还乡，侍奉公婆"。这一分也不明白究竟多少。"郭成特赐进士出身，亦被荣名，使光幽壤"，就是追封断头死鬼郭成一个进士头衔，让他可以在"幽壤"阴间风光风光。

"杀人不偿命"

因为生金阁是郭成自己自愿献给庞衙内，为的是打通庞衙内的关节，所以包公判决也是一个模糊的概念"混赖"，不算是抢劫。但是图谋强娶他人之妻、主使杀人罪名成立。判决死刑是没有问题的。至于主使杀死嬷嬷，照例说嬷嬷应该算是庞衙内家的奴仆，主人杀死奴仆是没有死罪的。所以庞衙内应该只触犯一个杀人罪。

可是这出戏一开始就说明，庞衙内是权贵，拥有"杀人不偿命"的特权。这个判决里包公"押赴市曹斩首示众"的判决是没有办法执行的。剧作者没有办法解决这个矛盾，只好以一个实际上不可能实行的判决来大快人心。

那么古代是否真的存在"杀人不偿命"这样的特权？确实有，但拥有这项特权的人极少。按照中国古代权贵们享受的"八议"制度，凡是皇帝六代以内的血亲"皇亲"，以及皇后三代以内的亲属；凡是皇帝本人的老朋友；凡是朝廷里三品以上的大官——习惯上三品是一个重要的等级，能够担任宰相参与朝廷决策；凡是为朝廷立下巨大功勋的官员；凡是为朝廷勤恳服役20年以上的官员；凡是被认为道德极其高尚的臣民；凡是被认为有巨大能力的高级官员；凡是前朝皇室的直系后代；这8种人犯了死罪，不能按照法律处理，应该交由朝廷最高级官员讨论处理方案，再报给皇帝批准。这8种人在社会上并不常见，而且也并非直接就可以"杀人不抵命"。

元代杂剧里"杀人不抵命"的特权角色，实际上是在影射元代拥有特权的蒙古人。大家都知道元代实行民族歧视政策，法律把臣民分成4个等级，蒙古、色目、汉人、南人。蒙古人作为统治民族，法律规定了种种特权。比如蒙古人醉酒打死汉人的，只是"断罚出征"，责打几下就出发去打仗，没有法律后果。而中原地区汉族的法律文化传统是"杀人偿命"，对于这样的特权就分外痛恨。

"养赡之资"

那么包公的判决里，将庞衙内家产分给李幼奴及福童为赔偿。"庞衙内家私，量给福童一分为养赡之资。""郭成妻身遭凌辱。不改贞心，可称节妇，封为贤德夫人。仍给庞衙内家私一分。"这有没有法律依据？

这在剧目所说的北宋时代，肯定是没有这样法律的。中国中原地区的法律传统里，罪犯受到刑罚处罚，并不附带赔偿处罚。受害人因犯罪行为遭受的损失，是没有法律依据可以得到赔偿的。

恰恰是元朝的法律，明文规定，所有的杀人案件，罪犯都至少要赔偿"烧埋银"（丧葬费）；罪犯如果是导致受害人残疾的，或者像戏里的嬷嬷这样的受害人遗留下需要抚养的儿童的，都要赔偿"养赡之资"（赡养费）；就是一般伤害案件的罪犯，也都要赔偿"医药之资""养济之资"（疗养费用）。也就是说，一切犯罪受害人因为犯罪行为所遭受的损失，都有权要求罪犯及其家属进行赔偿。

因此在这出戏里，包公有关赔偿的判决确实有法律依据。

剧目为何不再流行

这出戏在以后的明朝时代还在演出，并经作家欣欣客改编为戏剧《袁文正还魂记》，但不再强调生金阁这个最重要的道具。在明朝流行的包公的说唱词、包公戏和《百家公案》那样的包公小说故事里，也不再使用生金阁这个道具。

清朝，特别是晚清时期有这么多复活的包公戏，照理说，这样的鬼魂戏应该很具有戏剧性，符合包公出入阴阳两界的传奇身份，也不乏悬念。包公的断案也堪称足智多谋，那种"请君入瓮"的诱供办法，也是近代包公戏最惯常的套路之一。可是奇怪的是，这出戏根本就在清朝的舞台上和剧作家、小说家的创作里宣告失踪，整个故事都不见了踪影。

这大概和这个剧目的一个核心情节有关：那就是受害人郭成的行贿情节。生金阁在这出戏里，是一个行贿贿金的载体。按照中国古代法律制度，秀才通过了科举考试，就可以鲤鱼跃龙门，成为人上人。而科举考试是严格的、公平的，只看卷面文章，不看家世背景。可是在这个剧目里，郭成作为秀才，不是依靠自己的才学——考试能力——却寄希望于给权贵进贡传世宝贝来谋取一官半职。

这个情节很可能是元代的社会实际情况，因为元代没有将读书人科举考试做官制度化、经常化，科举考出来的士大夫，还是要从办事员"书吏"做起，不能平步青云，立刻当官。而且元代蒙古贵族歧视读书人，正如庞衙内所说"平生一世，我两个眼里，再见不得这穷秀才。我若是在那街市上摆着头踏，倘有秀才冲着我的马头，一顿就打死了"。

到了明清时代，向权贵送礼行贿，这或许是实际生活中常见的"潜规则"，但不能被士大夫倡导的主流舆论所接受。这个剧目里公然地把这个宝贝作为进身之阶，被明清士大夫看来自然是"有辱斯文"，所以也就不愿意去突出这个主题。而这个主题又是剧目的核心，因此连带这出戏就不再被读书人重视和改编，也就消失在了故纸堆之中。

包待制智勘后庭花

《包待制智勘后庭花》，又名《后庭花》，是元代著名剧作家郑廷玉的作品，广为流传。到明代，又有剧作家沈璟改编为传奇《桃符记》。

连环套的杀人案件

《后庭花》这个包公戏剧目的故事比较复杂，描写了两个各自独立又互有关联的杀人疑案。

先是廉访使赵忠（赵德万）被皇帝赏赐了一个丫鬟，名叫王翠鸾，还把翠鸾的母亲也赐予赵忠作为服侍。可赵忠却是个惧内的，床头枕上，大小事务，都要和大老婆张氏商量。即便是皇帝赐予的丫鬟，也要先询问夫人的意见。他派了管家王庆带了王翠鸾母女去问夫人意见，不料赵妻见了美貌的王翠鸾醋性大发，吩咐："王庆，你来，你如今将他子母（母女）二人，或是勒死，或是杀死，我只要死的不要活的。"

王庆得了夫人的指令，却又打算塞点自己嫁祸于人的小主意进去。他和衙门里衙役李顺的老婆通奸，为了"两长久做夫妻"，和李顺的老婆张氏商量，想让李顺去害死王翠鸾母女。李顺的老婆更毒，想出来另一个主意：要王庆指使李顺去杀这对母女，而李顺老婆张氏出面做好人，暗中释放王翠鸾母女，交出"两个的首饰头面"算是已经杀死复命；再由王庆假意光火，逼迫李顺"休了你那媳妇"，王庆乘机接手，"咱两口永远做夫妻"。

可是这两个"狗男女"没有想到的是，李顺尽管是个酒醉糊涂的醉鬼，可还没有那么容易就上他们的圈套。他接受王庆的指令后，直接就释放了王翠鸾母女，一个人回到家里。当王庆找上门来，说是有人看见李顺释放了一对母女，作威作福地要责打李顺，拷问李顺老婆，试图逼迫李顺休了自己老婆的时候，李顺坚持不愿意，还声称要到开封府去告发。王庆不得已只好自己动手杀了李顺，"将一个口袋来装了，丢在井里"。李顺的儿子福童，是个哑巴，这王庆和那婆娘只是把福童赶出了家门，没有再加注意。

另一头的王翠鸾母女，也是才出狼窝、又入虎口。先是王翠鸾和母亲在那天夜里慌张逃命，被巡逻士卒冲散。王翠鸾慌乱中到汴梁城中狮子店躲避，这个店的店小二又不是一个好人，见到王翠鸾美色，企图霸王硬上弓，要王翠鸾嫁给自己。王翠鸾当然不愿意，店小二就拿了斧子吓唬她，王翠鸾一口气上不来直接就被吓死了。店小二没了主意，想想"暴死的必定作怪"，怕暴死的王翠鸾的鬼魂作怪纠缠，顺手拿了一片店门上挂的"桃符"，插在王翠鸾的鬓角头，再将王翠鸾的尸体装进一个口袋，丢在了客店的水井里。

这里提到的"桃符"，是古代挂在门板上的一种护符。因为桃木板质密细腻，木体清香，历来被中国人认为可以"辟邪镇灾"。另外古代传说里，射日的后羿是被桃木棒打死的，死后被封为宗布神，而这个宗布神在传说里又是能够辨别恶鬼的，他在一棵桃树下，牵着一只老虎，检测出恶鬼的，就放出老虎吃掉恶鬼。也有的古代传说，说桃木驱鬼的法力是和那个为了追赶太阳的夸父有关。据说夸父追日饥渴而死，临死前，将手中的杖一抛，化为一片桃林，是为了让后世追日的人能够吃到甘甜可口的桃子。因为夸父跟太阳有着紧密的联系，而鬼是害怕阳光的，所以鬼连带着也就害怕桃木。唐宋的时候民间习惯在门板上挂上一块桃木板，写上门神的名字或者写上一些吉利祈福的文字，可以驱邪。后来才演变为用纸张书写的春联。

鬼吟《后庭花》

不久后，王翠鸾的母亲也到了这狮子店投宿。而到了夜里，戏里的另一个主角，洛阳秀才刘天义，也为了进京赶考，入住这个狮子店。店小二恰好把刘天义安排到了原来王翠鸾住过的房间。

于是当夜灵异事件发生了，王翠鸾的鬼魂显身，在烛光下与刘天义饮酒聊天，刘天义未免要掉掉书袋、显摆显摆才学，吟了一段《后庭花》："云鬟堆绿鸦，罗裙簌绛纱。巧锁眉颦柳，轻匀脸衬霞。小妆髻，凌波罗袜，洞天何处家？"

想不到这王翠鸾生前也喜欢吟咏弹唱，"按韵也和一首"："无心度岁华，梦魂常到家。不见天边雁，相侵井底蛙。碧桃花，鬓边斜插，伴人憔悴杀。"王翠鸾居然还把这阙《后庭花》写在了绵纸上，署名"翠鸾作"。

刘天义听了翠鸾的《后庭花》，连说"妙哉！妙哉！"连连喊着翠鸾的名字劝酒。不料隔壁房间的王母听见自己女儿的名字，连忙到门口敲门。烛光之下，没有了翠鸾人影。王翠鸾母亲就揪住刘天义不放："这两篇词是谁做的？有我女孩儿的名字在上，你藏了我女儿，更待干罢！明有王法，我和你见官去来。"

包公断无头案件

那边不知道自己一声令下引发了这么复杂的人事关系、造成两起命案的糊涂赵廉访，隔了几天后才想起来追问王庆，王翠鸾母女二人的事情办得怎么样了？王庆推说已把人交给了夫人。赵廉访又请教夫人，夫人说"王庆领的那子母二人来见了我，我吩咐王庆就领去了"。赵廉访转过来再问王庆，王庆只好说是交付了李顺。赵廉访觉得"这桩事其中必有暗昧"，可又不敢审问夫人，只好找来包公，要包公前去调查，"多因是我夫人做下违条犯法"。包公也不敢过问赵廉访的家事，"你侯门似海深，利害有天来大。则这包龙图怕也不怕，老夫怎敢共夫人做两事家？"赵廉访只好给他自己的"势剑铜铡，限三日便与我问成这桩事"。

包拯得了这先斩后奏的"势剑铜铡"，先把王庆拿下，抓到开封府里关起来。然后在路上，包公"见一个旋风随定马，不由我展转生疑讶"。知道是冤魂来申冤，于是喝道："兀那鬼魂听者，到晚间开封府里来。"刚在回开封府路上，正好王婆子扭住秀才刘天义，告"这个秀才藏了我的女孩儿翠鸾，告相公与老婆子做主"。于是"一行人都拿到开封府里去"。

包公先把王庆拷打了一顿，没有结果，王庆一口咬定王翠鸾母女是送给李顺了。包公又看了王婆提交的两个书证：两首《后庭花》，仔细掂量，见到"不见天边雁，相侵井底蛙"句子，包公感叹："女孩儿那得活的人也!可怜，可怜!这孩儿敢死在黄泉下。"包公下令把王婆暂时看管起来，要刘天义今晚再回狮子客店："若是那女子来呢，你问他那里人氏？姓甚名谁？有甚信物？要些来我便饶了你。"

刘天义当夜再会王翠鸾的鬼魂，鬼魂不好说破，只说

"在那家井里"，又说"我鬓边有一朵娇滴滴碧桃花，你自取咱"。

包公为了这个无头案子也是"废寝忘食，眼睁睁一宵无寐"。派人去抓李顺，回报说"李顺在逃了"。包公派出手下的衙役张千："李顺在逃，须有他家里人，你去他家看去。或有沟渠，或有池沼，若是有井呵，你就下去打捞。"张千撞进李顺家，果然在后院有一口井，"怎么这般臭气"？张千下井去打捞上来一具烂尸。旁边又发现了一个哑巴小孩子，就是李顺的儿子福童。福童见了尸体，痛哭一场。跟着张千也到开封府来鸣冤。

包公借着手势询问福童，得知"是一条大汉，拽起衣服，扯出刀来杀了俺父亲，丢在井里"。张千带上福童，找到了李顺的老婆。李顺的老婆认了尸体就是李顺，但推说不知凶手。包公手语问福童，福童回答，认识那个杀父的仇人。

刘天义到了白天回到开封府来复命，交出昨夜翠鸾给的信物"一朵娇滴滴碧桃花"。包公一看，哪里是什么桃花，却是一根桃符，上写着"长命富贵"。包公立刻猜到是一对桃符中的一片，下令要手下人挨家挨户查看桃符，"排门则寻那'宜入新年'，我手里现放着'长命富贵'"。果然在狮子店门口只有"宜入新年"一个，无那"长命富贵"。出示刘天义得到的那一片，正是一对儿。包公要手下立即去狮子店，"左右看去，若有井，便下去打捞，必有下落"。果然打捞得王翠鸾的尸体，经王婆认尸，包公要手下"去将那店小二，一步一棍打将来者"。

包公又再次提审王庆，假意说"王庆，你欢喜么？这杀人贼有了也，不干你事。你回去罢"。王庆正要脱身，被福童一把扯住，手势告诉包公，这是杀父仇人，"他与俺母亲如此如彼，做出来的"。

包公带了罪犯向赵廉访复命，"小官问成了也，谁想一桩事问做两桩事"。于是赵廉访宣布判决："包待制剖决精明，便奏请加原职三级高升。王婆婆可怜见赏银千两，刘天义准免罪进取功名。翠鸾女收骸骨建坟营葬，还给与黄篆醮超度阴灵。这福童着开封府富民恩养。店小二发市曹明正典刑。因王庆平日间奸淫张氏，假官差谋李顺致丧幽冥。这两个都不待秋后取决，才见的官府内王法无情。"

判决的漏洞

这个剧目里最吸引人的是包公破案时采用的推理方法。首先从王翠鸾鬼魂《后庭花》"不见天边雁，相侵井底蛙"，推断尸体是在井底。其次，从一片桃符"长命富贵"，推断出是相对的一对桃符中的一片，而且按照当时民间书写桃符的习惯，应该有另一片"宜入新年"。从而顺利破案。

可是这出戏也留下了几个法律问题：

这个判决里显然缺少了一个主要的罪犯：赵廉访的夫人。整个案件的起因，都在于这位贵妇人的嫉妒心，是她起意杀死王翠鸾母女。按照历代法律，指使他人杀人的，和谋杀者同样处理，起意并派遣了就是徒三年的罪，受害人受伤的，主使者就要处绞刑，受害人已死的，主使者要处斩首。赵廉访夫人指使王庆杀人，尽管王庆没有按照指示杀人，但起意派遣之罪，赵夫人难以推脱。

所以这个判决按照元代杂剧里的惯用语，叫做是个"葫芦提"的糊涂判决，赵廉访有意为自己夫人开脱罪名，完全知道赵廉访夫人有重大嫌疑的包公也装糊涂保持沉默。赵廉访给包公"官升三级"，也很有点利用职权买通包公的嫌疑。因此从近代的眼光来看，包公在这出戏的形象就不是那么高大威严，有点糨糊意思在里面。

店小二的罪名在赵廉访的判决里，和王庆是一样的罪名。可是王翠鸾是被吓死的，店小二并没有动手，想必对王翠鸾检验尸体一定可以发现这个情节。可是在剧中，包公没有下令检验尸体，这是违反古代法律的。中国唐宋时期的法律明确规定，一切被怀疑非正常死亡的尸体都必须要经过尸体检验，而且应该是由两个不同的机关派出的两批检验尸体的官员进行重复检验，"初检"和"复检"的结果一致，才能够结案。

另外，像店小二这样以斧子相威胁女子，致使女子死亡，这样的行为在古代法律里面也有规定。按照在宋代依然有效的《唐律疏议》的规定："若恐迫人，使畏惧致死伤者，各随其状，以故、斗、戏杀伤论。"也就是说，本来怀有故意杀害目的，使人畏惧死亡，比如从高处摔下、掉到水中而死伤的，加害人"依故杀伤法"，按照故意杀人罪、故意伤害罪处置；斗殴中因受害人恐惧而出意外死伤的，按照斗殴杀人、斗殴伤人罪处置；游戏中使人恐惧意外死亡的，也要按照"戏杀伤"罪处置。尽管法律原文没有提到王翠鸾是这样被吓死的，可是依照《唐律疏议》规定的法律类推原则，法无明文规定的，可以类推最相似的条文，"举轻以明重，举重以明轻"，既然被恐吓失足摔倒死亡也应作为故意杀人论处，那么被恐吓而不堪忍受恐惧死亡，也就可以比照该条处理。另外，《唐律疏议》还规定，"弃尸水中者"，本身就是一项重罪，作为"斗杀罪"减轻一等处置。店小二是触犯了两个罪名，判处死刑完全合乎法律。

在《包待制智勘后庭花》这出包公戏里，我们可以看到，推理破案在中国古代有悠久的历史，是一种传统的刑事司法手段。另外，我们也可以发现，在元代的包公戏里，包公的形象还不是"高大全"的，还留有很多"葫芦提"的瑕疵。

9

包待制三勘蝴蝶梦

《包待制三勘蝴蝶梦》（简称《蝴蝶梦》），是元代著名作家关汉卿的名作。这部剧作既描写了普通百姓与权贵之间的直接冲突，也描写了继母甘愿牺牲自己的亲生子来保全夫家血脉的"贞烈贤达"，更有包公保全孝子慈母的神奇断决，情节发展超乎观众的想象，因此是一部重要的包公戏剧目。

三兄弟为父复仇

这个故事说的是开封府中牟县有户姓王的耕读之家，父亲王老汉有三个儿子，都是读书人。那天王老汉到街市上为儿子们买纸笔，想不到撞上了当地的一个权豪子弟葛彪的马头，这葛彪一贯横行霸道，自称："有权有势尽着使，见官见府没廉耻。若与小民共一般，何不随他带帽子？"（古代官吏士大夫等有特权身份的人戴主要用来笼罩头发发髻的"冠"，而普通百姓戴遮盖整个脑袋的"帽子"）见王老汉撞了他的马，上前一顿痛打，将王老汉活活打死在大街上，还说："这老子诈死赖我，我也不怕；只当房檐上揭片瓦相似，随你那里告来。"大大方方地就走了。

王老汉的妻子王婆听得自己丈夫死于非命，带了三个儿子赶来，正好又碰到喝了酒要回家的葛彪。三兄弟要拉他去见官，葛彪自然不肯，两下里动起手来，葛彪被三兄弟打死。衙门里的公人正好路过，将三兄弟都抓了起来，押进中牟县衙门。中牟县令简单一审，就将三个儿子都作为凶手送到上级开封府去了。

开封府里的包公一早起来坐"早衙"，审了一个酸枣县报上来的偷马贼赵顽驴，把这罪犯打到死囚牢后，包公觉得困倦，就在大堂上打了个盹。他梦见自己在花园里游览，见到一张蜘蛛罗网，花间里飞出一个蝴蝶来，正撞进蜘蛛网中被粘住动弹不得，很快又有一只大蝴蝶飞过来救了它。可是一会又有一只小蝴蝶被粘在了，那大蝴蝶飞过来，两次三番只在花丛上飞，却不救那小蝴蝶，扬长飞去了。包公正在诧异，中牟县报来的案件到了。王氏三兄弟被押到了开封府大堂上。

蝴蝶救子情景再现

三兄弟是杀人罪，包公问："三个人必有一个为首的。

是谁先打死人来？"老大、老二都抢着说是自己打死葛彪的，老三说是葛彪自己肚子疼死的。王婆也抢上来说："并不干三个孩儿事。当时是皇亲葛彪先打死妾身夫主，妾身疼忍不过，一时乘忿争斗，将他打死。"包公喝令，"胡说！你也招承，我也招承，想是串定的。必须要一人抵命。"下令"着实"拷打。

包公问清楚，王家老大名叫王金和，老二叫王铁和，老三叫王石和。"嗨，可知打死人哩！庶民人家，取这等刚硬名字！"包公就试探着问："是金和打死人来？"王婆赶紧喊冤，说打死人的不是王金和，老大王金和非常孝顺，定罪去抵命的话，"教谁人养活老身？"包公就说，那么叫老二抵命。王婆又喊冤，包公问究竟，王婆说："第二的小厮会营运生理，不争着他偿命，谁养活老婆子？"包公就试探着说："这第三的小厮偿命，可中么？"王婆说："是了。可不道'三人同行小的苦'。他偿命的是。"包公大怒："眼前放着个前房后继，这两个小厮，必是你亲生的；这一个小厮，必是你乞养来的螟蛉之子，不着疼热，所以着他偿命！"

可是这次包公推断错了，王婆一顿哭诉才让包公明白，原来这三个儿子里，只有这个老三是她自己亲生的。包公感叹，自己这才信了古人言"良贾深藏若虚，君子盛德，容貌若愚"（《史记·老子韩非列传》中记载的老子说给孔子听的话，意思是要孔子注意修饰自己的言行，不要过于咄咄逼人，也就是包公检讨自己过于武断的意思）。再联想起刚才梦中所见的大蝴蝶不救那个小蝴蝶的情景，是"天使老夫预知先兆之事，救这小的之命"。

包公见王婆情愿让亲生子抵命，也要保全丈夫的长子、次子，"只把前家儿子苦哀矜，倒是自己亲儿不悲痛。似此三从四德可褒封，贞烈贤达宜请俸。"感悟到"三番继母弃亲儿，正应着午时一枕蝴蝶梦"。于是包公计上心头，先命令衙役将王家三个儿子都打入死囚牢去。

王婆无奈，到街上讨得一些冷饭汤水送到死囚牢里，两个烧饼还先给了老大和老二，百般向牢头禁子求情，老三只是抱着母亲大哭。那边包公派了衙役过来，先后释放了老大王金和、老二王铁和。然后告诉王婆要把老三王石和"盆吊（监狱里用土袋压死罪犯的非法处死方法）死，替葛彪偿命去。明日早墙底下来认尸"。

王婆大哭一场，带了两个儿子天不亮就来领老三的尸首。那边包公下令处死了昨天早上审的那个盗马贼赵顽驴，凌晨时分要老三背着赵顽驴的尸体到坟场。那边王婆及两个儿子也被衙役赶到坟场。一家人在坟场相会。包公也赶来，当面说明："偷马的赵顽驴，替你偿葛彪之命。"然后宣判："你一家儿都望阙跪者，听我下断：你本是龙袖娇民，堪可为报国贤臣。大儿去随朝勾当，第二的冠带荣身。石和做中牟县令，母亲封贤德夫人。国家重义夫节妇，更爱那孝子顺孙。今日的加官赐赏，一家门望阙沾恩。"

"王子犯法，庶民同罪"

这出戏里最值得注意的是王婆在和葛彪论理时的一句唱词："若是俺到官时，和您去对情词，使不得国戚皇亲、玉叶金枝，便是他龙孙帝子，打杀人要吃官司！"这句唱词分明带有"王子犯法，庶民同罪"的意思。就笔者所见到的材料，这是首次在古代文献中出现法律面前人人平等的明确要求。

中国古代的法律是典型的特权法，法律严格划分社会成员的等级，权利义务都严格按照等级划定。关汉卿在这些剧本里也清楚地表明这些说法只是民间的追求，并非是当时法律的现实。比如恶霸葛彪上场念白："自家葛彪是也，我是个权豪势要之家，打死人不偿命，时常的则是坐牢。"现实的法律上，权豪之家打死人最多不过是坐牢而已。后来葛彪被受害人的三个儿子打死，包公并不能够因葛彪杀人在先、三兄弟是处置一个杀人现行犯来进行审理。

中国平民一直有要求法律平等的诉求，但这种诉求几乎不可能被掌握了话语权的士大夫记录在文献中。因为士大夫作为统治集团的参与者，维护等级体制正是他们的既得利益。而在这个剧目中出现这样要求法律平等的唱词，恰恰是因为关汉卿所处的时代，汉族士大夫阶层被排斥于统治集团之外。

元朝以后，明清朝廷大大加强了对民众的宣传教化，真称得上是"处心积虑"。明太祖朱元璋亲自颁发《圣谕六条》要民间时时传诵；在城乡遍设"申明亭"作为宣传礼教、宣传朝廷法制的专门场所，经常性发布"教民榜文"，悬挂在这些场所教化民众；还颁发《御制大诰》，以各类典型案例对民间进行教育。有不少权贵犯罪被处罚的案例就通过这些举措被"广而告之"，使民间熟知。清朝入关后继续颁发《圣谕十六条》《圣谕广训》之类的朝廷教化文件。清朝雍正皇帝还曾公开宣称，历史上一直沿袭的权贵特权制度"八议"，"历代相沿之文，其来已久"，但本朝并不实施。他自己通过宫廷密谋登基后，将自己的兄弟关的关、杀的杀，讨厌"八议"来碍手碍脚。雍正四年（1726年）在向八旗都统下达的"圣旨"里，雍正皇帝还曾提到这条俗谚，说"王公犯法与庶民同罪，何况满洲闲散人等"！（《钦定八旗通志》卷首）在曾普及到民间基层的《大义觉迷录》文件里，他还"大义凛然"地宣布自己兄弟的罪恶，并说按照"朝廷法律"，这两个兄弟也是该杀，"若天下之人，必欲以朕诛戮二人为言，据伊等罪情，朝廷法律而论，朕亦不以诛戮二人为讳。盖有此一番惩创，使天下后世宗亲不肖之辈，知大义之不可违越，国法之不可幸逃，循理安分以受国家宠荣，则所以保全骨肉宗亲者大矣、多矣！"

由于清朝统治者对于传统刑事政策的这种修改，"王子犯法，庶民同罪"的说法不再和朝廷的法律政策明显抵触，所以民间这句俗谚更为流行，清朝的读书人也就不太忌讳将这句俗谚写入自己的作品。尤其是在乾隆年间以后的小说中，开始比较多地出现这句俗谚。不过即使如此，在真正的士大夫创作的小说里仍然几乎是找不到这句俗谚的。清朝时引用这句俗谚的小说的作者往往并不是士大夫，或者至少不敢公开承认自己是士大夫。比如提到这句俗谚的小说《绿野仙踪》，其作者李百川没有考取过功名，一直只是个白丁。另一提到这句俗谚的小说《飞龙全传》，原来是民间说书人的话本，乾隆年间落第举子、"弃名就利"的商人吴璿将其改写为小说。小说《野叟曝言》的作者夏敬渠曾考取过秀才，但以后科场不利，终身不得志，流落于社会下层。引用这句俗谚的小说《何典》，作者张南庄，名列当时上海十位"高才不遇者"之冠。可见这句俗谚仍然主要是在"下里巴人"口头文学和民间戏曲里流行，并在正面意义上加以引用。

到了近代，随着西方传入的法治思想的普及，鼓吹政治改革的知识分子将这条俗谚附会西方法制原则"法律面前人人平等"，才使得这句俗谚在新的诠释下得到更广泛的流行，不仅是原来的"下里巴人"，就是读书人也都积极地从正面意义上发挥这句由来已久的俗谚。并且更多地直接引用于戏曲等大众艺术，使之传播更广，一直流传到当代的中国社会。

代为偿命的可能性

在《蝴蝶梦》里包公断案的难度似乎并不很大，关键是利用了盗马贼赵顽驴的脑袋来给王婆的亲生儿子王石和顶罪。这种办案办法显然是违法的，可是这种违法办案的事情，在元代的包公戏里却是常见的情节。

同样我们看到英国著名的剧作家莎士比亚，也曾采用类似的手法来解决戏剧故事中的司法难题。比如莎士比亚的名剧《一报还一报》（亦名《量罪记》）里，贤明的公爵为了能够解救一个按照法律被判处了死罪、但情理上不应处死的角色，也是打算将在押的一个死刑犯处死来顶罪。不过在剧中，又增添了一个新的情节：那个预定要处死顶罪的罪犯在最后的晚餐上喝了个酒醉糊涂，公爵觉得"叫他在现在这种情形之下糊里糊涂死去，是上天所不容的"。正好监狱里还有一个著名海盗，恰巧那天早上因为发着厉害的热病而死了，他的年纪跟那个被判死罪的青年差不多，须发的颜色也完全一样，于是公爵接受了监狱长的建议，将这个病死海盗的脑袋砍下来去顶替。显然，莎士比亚和关汉卿不一样，对于拿罪犯脑袋顶替这件事，还是心存疑虑，唯恐观众不能接受。

很可能就是因为关汉卿在这个剧目里借用王婆之口，公然鼓吹"使不得国戚皇亲、玉叶金枝，便是他龙孙帝子，打杀人要吃官司"这样法律平等的主张，以及让包公相当随意地以违法方式来解决案件难题，所以这个剧目不再被以后的士大夫欣赏，没有文人作者再来改编、传播这个剧本，使得这出名剧元代以后就在戏剧舞台上消失了。

10

包待制智斩鲁斋郎

《包待制智斩鲁斋郎》是元代著名剧作家关汉卿的作品，也是一个歌颂包公智慧的故事，但剧情主要部分却是揭露元代权贵横行、欺压良民的社会现状。

恶贯满盈的权贵

这个剧目里的主人公鲁斋郎是个"权豪势要"，一开场的上场诗就自称"花花太岁为第一，浪子丧门再没双。街市小民闻吾怕，则我是权豪势要鲁斋郎"。每日飞鹰走犬，街市闲行。

这天鲁斋郎离开郑州，来到许州，在街上骑着马闲行，见到个银匠铺里有一个美貌女子，就动了歪念。狗腿子张龙，早为他打听，说这是银匠李四的浑家，"生的风流，长的可喜"。主仆二人假借要修一把银壶，闯进银匠李四的铺子。这银匠李四，"嫡亲的四口儿：浑家张氏，一双儿女。厮儿叫做喜童，女儿叫做娇儿。全凭打银过日子"。鲁斋郎说"有把银壶瓶跌漏了，你与我整理一整理，与你十两银子"。李四很快修好，鲁斋郎说是要赏酒给李四，又要李四叫出夫人来一起赏酒。三钟酒吃下去，鲁斋郎自己也吃一钟，张龙也吃一钟，然后就说："兀那李四，这三钟酒是肯酒；我的十两银子与你做盘缠；你的浑家，我要带往郑州去也。你不拣那个大衙门里告我去！"竟然和狗腿子一起把李四的浑家张氏抢走，扬长而去。

李四急得六神无主，连忙关了铺子，也赶往郑州，"清平世界，浪荡乾坤，拐了我浑家去了，更待干罢！不问那个大衙门里，告他走一遭去。"到了郑州大街上，人生地不熟，一时间不知大衙门在哪，急得心口疼痛，倒在狮子店门口。

说来也巧，郑州有个"六案孔目"（书吏的头目）张珪正好经过，这张珪"幼习儒业，后进身为吏"，娶妻李氏，是个医士人家女儿，育有一双儿女金郎、玉姐。张珪见李四心疼病急，慢慢搀扶到家，让自己懂医道的妻子李氏给李四服药。这一帖药下去，果然缓解症状，李四平复过来，感激不尽。两家一通姓名，谈得热络，李四就和张珪的浑家李氏认了干姐弟。

本来张珪夸口，说在这郑州，谁敢得罪他的兄弟，"我便着人拿去，谁不知我张珪的名儿！"可当李四说："是鲁斋郎强夺了我浑家去了。姐姐、姐夫，与我做主！"张珪赶紧捂住他的嘴巴，"哎哟，唬杀我也！早是在我这里，若在别处，性命也送了你的。我与你些盘缠，你回许州去罢。这言语你再也休提！"

苦命的两对夫妻

那边鲁斋郎夺了李四的浑家，"起初时性命也似爱他（她），如今两个眼里不待见他"。回到郑州，乘着清明节令，家家上坟祭扫，想必有生得好的女人，又领着张龙一行随从，到郊野外踏青。

可巧张珪正带着妻子来给父母上坟。遇到鲁斋郎和狗腿子张龙在那里拿弹弓打鸟，一弹子飞过坟院围墙，打破了张珪儿子的脑袋。张珪也不知道谁在墙外，先就开骂"是谁人墙外边，直恁的没体面？"偏偏鲁斋郎还认识他，"张珪，你骂谁哩？"张珪只好倒过来给鲁斋郎下跪陪不是。

鲁斋郎顺势就到了张珪家的坟院里，张珪的妻子李氏也只好拜了一拜. 鲁斋郎见李氏美色，发令道："张珪，你这厮该死，怎敢骂我？这罪过且不饶你！近前，将耳朵来：把你媳妇明日送到我宅子里来！若来迟了，二罪俱罚！"

第二天，鲁斋郎派了张龙在大门口等候，若是张珪"来迟了，就把他全家尽行杀坏"。张珪也不傻，才五更天，早早地叫起了媳妇，推说"东庄姑娘家有喜庆勾当"，把自己浑家带到鲁斋郎府前，才和浑家讲了鲁斋郎逼迫他送妻。李氏大怒："你在这郑州，做个六案都孔目，谁人不让你一分？那厮甚么官职，你这等怕他，连老婆也保不的？你何不拣个大衙门，告他去？"张珪吓得连忙捂住李氏的嘴，劝说道："他、他、他，嫌官小不为，嫌马瘦不骑，动不动挑人眼、剔人骨、剥人皮。他便要我张珪的头，不怕我不就送去与他；如今只要你做个夫人，也还算是好的。"

夫妻俩相对痛哭，鲁斋郎还笑话张珪："张珪，你敢有些烦恼，心中舍不的么？"张珪只好说："张珪不敢烦恼。则是家中有一双儿女，无人看管。"鲁斋郎笑了："你早不说。"吩咐张龙："将那李四的浑家，梳妆打扮的赏与张珪便了。"张珪叹气："夺了我旧妻儿，却与个新佳配，我正是弃了甜桃绕山寻醋梨。"

张珪回到家，正和一双儿女抱头痛哭，张龙把李四的妻子娇娥送到了张家。那边许州的李四回家后发现儿女失踪，不得已又到郑州来投奔张珪。张珪告诉他："我也害了你一样的病症，你姐姐也被鲁斋郎夺将去了也！"张珪说："舅子，我可也强似你。他与了我一个小姐，叫做娇娥。"于是请出来相见。

李四和娇娥一打照面，两个都吃了一惊。张珪见两人表情有点怪怪的，也来不及问，就被衙门人叫到衙门里去赶文书。两个孩子不熟悉这新来的妈，李四娘子也只顾和李四讲话，没注意，这两个孩子就出门说是到衙门找爹，也走失在大街上。

李四和娘子又悲又喜，正在说话，张珪从衙门回来，李四夫妻一顿哭诉。张珪搞清楚状况，只觉得万念俱休："罢、罢、罢！浑家被鲁斋郎夺将去了，一双儿女又不知所向。甫能得了个女人，又是银匠李四的浑家，我在这里怎生存坐？舅子，我将家缘家计，都分付与你两口儿；每月斋粮道服，休少了我的。我往华山出家去也！"

巧借圣旨除恶霸

这样窝囊的主人公，这样好人受欺负的戏剧故事，一定让观众看得窝火了。关汉卿就是要等到观众都怒不可遏的最后关头，才请出心目中的大英雄——包公来收拾残局。

巧中巧的事情发生了，包拯被朝廷派到各地"采访"，"来到许州，见一儿一女，原来是银匠李四的孩儿。他母亲被鲁斋郎夺了，他爷不知所向。这两个孩儿留在身边。行到郑州，又收得两个儿女，原来是都孔目张珪的孩儿。他母亲也被鲁斋郎夺了，他爷不知所向。我将这两个孩儿也留在家中，着他习学文章。"

包公抚养这两对"孤儿"足足15年，两个男孩都读书应举得第，两个女孩都出落得闭月羞花，包公才开始为他们报仇。

包公向皇帝汇报，有个叫"鱼齐即"的罪犯，"苦害良民，强夺人家妻女，犯法百端"。皇帝批示"斩"字，命令"将此人押赴市曹，明正典刑"。包拯得到圣旨批复，将原文的"鱼"字下边添个"日"字，"齐"字下边添个"小"字，"即"字上边添一点，就变成了将鲁斋郎处死的圣旨。于是包公迅速将鲁斋郎逮捕处死。等到皇帝想起要召见鲁斋郎，包拯上奏："他做了违条犯法的事，昨已斩了。"皇帝大惊道："他有甚罪斩了？"包拯奏道："他一生掳掠百姓，强夺人家妻女，是御笔亲判'斩'字，杀坏了也。"皇帝不信，"将文书来我看"。糊涂皇帝见了自己亲笔批示是处斩鲁斋郎，也没话说，道："苦害良民，犯人鲁斋郎，合该斩首。"

大团圆的结局

斩了鲁斋郎，与民除害后。包拯指示两家孩儿，要到华山烧香，追荐父母。这时原来的张珪已经做了华山云台观的住持，李四和浑家来华山为张珪及自己失散的儿女做道场。张珪原来的妻子李氏，在鲁斋郎被包公斩首后，也舍俗出家。这时也来云台观云游，也想为张珪及一双儿女超度做道场。李四的儿子李喜童举得了头名状元，奉着包待制命令，带了妹妹娇儿到华山也要做道场，追荐父母。张珪的儿子张金郎应过举，得了官，也带了妹子玉姐来云台观追荐父母。

可巧的两家人意外都相聚在云台观。李四和李氏一商量，索性两家互换婚姻，双方孩子都成姻。"做一个交门亲眷。"只是张珪不愿意还俗，"虽然不得神仙做，且躲人间闲是非。"好在包拯也来云台观，当面指令张珪必须还俗，"如今将李四的女儿，与张珪的孩儿为妻；张珪的女儿，与李四的孩儿为妻，你两家做个割不断的亲眷。张珪，你快还了俗者！"张珪只好还俗和妻子团聚。

于是包公感叹："鲁斋郎苦害生民，夺妻女不顾人伦。被老夫设智斩首，方表得王法无亲。你两家夫妻重会，把儿女各配为婚。今日个依然完聚。一齐的仰荷天恩。"

"夺人妻子"的罪名是什么

劫掠人口在中国古代法律里有专门的罪名，叫做"略人"。按照唐朝时期的法律，略人或者略人后出卖为奴婢者，应判处绞刑；略人为自己的妻妾子孙者，徒三年。如果劫掠过程中有杀伤人的，按照强盗罪处罚，有伤者处绞，死亡的处斩。这条法律历经宋元都没有什么大的变化。

在古代法律里这是一项重罪，因为劫掠人口是严重危害统治秩序的罪行。尽管看上去不是直接的死罪，处刑似乎不算很重，但是古代法律都规定，贵族官员如果在自己管辖区内犯这个罪名的，不能享受"上请"（死罪请示皇帝、流放以下直接减等）之类的特权，必须要按照法律规定处罚。

鲁斋郎抢夺李四和张珪妻子，并没有将她们作为奴婢，只是作为小老婆，所以能够适用的只是法律的第二项，最高只可判处徒刑三年。可在这出戏里，剧作者关汉卿是描写包拯最后将鲁斋郎斩首。单凭夺人妻女这个罪名，这是一个违法的判决。关汉卿注意到了这个问题，所以在包拯给皇帝的报告里，在鲁斋郎"夺人妻女"罪名之下含糊地加了一个"犯法百端"，算是交代了包公判决的依据了。

圣旨能否这样篡改

这个包公戏里最后案件的解决，过程非常的简单，就是包拯假借"鱼齐即"名义上报案件，待批准后再篡改成"鲁斋郎"。

这样明显违法的情节，难道是古代法制允许的吗？

当然是不允许的，这只是剧作家关汉卿用来取悦观众、实现台上台下"大快人心"的手法。中国古代法制一条最基本的原则，就是维护皇帝的专制权力，保证皇帝的政令通畅。战国时期的法家著作《管子》就提出："凡君国之重器，莫重于令。令重则君尊，君尊则国安；令轻则君卑，君卑则国危。故安国在乎尊君，尊君在乎行令，行令在乎严罚。罚严令行，则百吏皆恐；罚不严，令不行，则百吏皆喜。故明君察于治民之本，本莫要于令。故曰：亏令者死，益令者死，不行令者死，留令者死，不从令者死。五者死而无赦，唯令是视。"这段话的大概意思就是：国君下达的命令是一个国家最重要的治理工具，命令受到尊重也就是国君受到尊重，国君受到尊重的国家才能安宁。命令被轻视的话国君地位就低下，国君地位低下国家就有危险。因此要安定国家首先必须尊重国君，尊重国君就表现为贯彻命令，贯彻命令必须要处罚严厉。处罚严厉命令才能贯彻，百官才会恐惧；而处罚不严厉命令不贯彻，百官就都高兴。因此英明的君主要明了治民的根本就在于命令的贯彻。执行国王命令而有所截留的"亏令"，增加命令范围的"益令"，不执行命令的"不行令"，搁置命令缓于执行的"留令"，不予执行命令的"不从令"，都一律要处死，不得赦免，一切以命令为准。

后代的法律虽然不至于设立这么多的死罪，但篡改皇帝指令都是要受到严厉处罚的。秦汉时设立了专门的罪名"矫诏"，适用死刑。后来唐代法律仍然这样规定。《唐律疏议·诈伪律》规定，凡是伪造皇帝的"制书"，或者像这出戏里的包公那样故意在"制书"上增减文字的，判处绞刑；或者是在口传皇帝圣旨时，故意"诈传"，或者故意增减圣旨的内容的，也同样处以绞刑。只是在假设伪造或增减了内容的"制书"或圣旨还没有被施行的情况下，可以减一等处罚，判处为流三千里。这条法律在宋代继续施行。元代法律也基本相同，"诸妄增减制者，处死"。

所以《包待制智斩鲁斋郎》里包公篡改圣旨来杀死鲁斋郎，是一项严重的罪名，是犯下了死罪。包公的做法是对皇帝专制权力的严重威胁，是不能被提倡，也是不可能通行的。而且就台下"大快人心"的观众来说，实际上包公的这种做法也是极其危险的。很简单的道理，假如官员都有这样用其他罪犯顶罪、任意违背法律程序、篡改最高司法审判指令的权力，那么更可能发生的情况是，坏官、贪官就会忙着包庇和自己有特殊关系的、行了大把贿赂的当事人，而把无辜的百姓送上刑场。

值得注意的是，元代包公戏，尤其是关汉卿编写的包公戏里，包公故意违反法律来实现案件解决的很常见。比如《蝴蝶梦》里，以盗马贼赵顽驴顶替老三受死刑。这很大程度上是因为整个汉族士大夫阶层被排除出了统治集团的缘故，所以元代汉族士大夫不愿意全心支持蒙古贵族统治，心底里难以认同元朝蒙古皇帝的统治权威的合法性。因此在包公戏里尽力"再不言宋天子英明甚，只说他包龙图智慧多"，不再突出皇帝以及朝廷法律的作用。

到了明代，法律大大加强了对于专制君主皇权的保护。《大明律·刑律·诈伪》规定凡诈为制书，以及增减制书文字的，要判处"皆斩"（凡是参与者全部斩首），未及施行的也要判处绞刑。因此《包待制智斩鲁斋郎》这样的"智慧"，在明代是绝对不可提倡的，《包待制智斩鲁斋郎》这个故事也就在明代断了香火，不再延续。既没有继续演出，也没有改编的剧本，整个故事也没有被收集进有关包公的小说、评书。

11

乌盆记

元代不知名作家创作的杂剧《玎玎珰珰盆儿鬼》，是著名的包公戏剧目，在后世长期流传。明代改编为传奇《断乌盆》、说唱词话《包龙图公案断歪乌盆传》，近代被改编为《乌盆记》，或称《奇冤报》《定远县》，是京剧等各传统戏曲长演不衰的剧目。1950年文化部禁止各剧种继续演出这个剧目，至20世纪90年代末又开禁，依然是一出名剧。1993年台湾中华电视公司拍摄的《包青天》电视连续剧，也吸收了这个剧目的故事。

骨灰烧成的乌盆

这个剧目的故事并不复杂，讲的是一个包公替鬼魂伸冤的故事。

北宋时汴梁人杨国用，在街市上出了一钱银子，请一个"灵验的紧"的打卦先生贾半仙算了一卦，被告知"注定一百日内，有血光之灾"，必须"离家千里之外，或者可躲"。"百日之期，一日不满，一日不可回来"。杨国用是个做买卖的，于是到表弟赵客家里借了五两银子当本钱，到外地跑单帮。三个多月后，杨国用还赚了点银子，挑了一担货物回家，在满百日的前一晚，来到离汴梁城四十里路的瓦窑村地方，找了一家客店住下。

开这家客店的是个烧窑的窑户，诨名叫做"盆罐赵"。暗地里"打家截道，杀人放火"，暗算南来北往的经商客旅。当晚盆罐赵的老婆见杨国用一挑"两个沉点点笼儿"，就叫盆罐赵动手抢劫。夫妻俩持刀威胁抢走了杨国用的行李，事后又偷听到杨国用在房间里自言自语，要脱身后到"开封府包待制爷爷跟前，告将下来，追还我的财物"，夫妻俩于是"一不做二不休"，动手杀死杨国用，还把杨国用的尸体扔到瓦窑里烧毁，连骨灰也捣碎了掺到窑土里，捏成一个瓦盆，放到窑里去和其他的陶器一起烧制。

盆罐赵干这样伤天害理的事情，连他家的"瓦窑神"也看不过去，夜里瓦窑神显灵作弄盆罐赵夫妻，还使了神通将盆罐赵的一窑陶器都烧化了，唯独留下那个杨国用骨灰做的、底下有个十字印记的瓦盆。盆罐赵开窑后，见了这个乌盆胆战心惊，想要摔碎了它，又是他老婆出来阻拦，说是张别古老汉一直问他们讨要一个当夜壶的瓦盆，可以借着便溺秽物来压制鬼魂。

张别古老汉，原来是开封府里的一个衙役头目，号为"五衙都首领"，"壮岁无儿，更临老也那丧妻"，年到八十，孤身过活，"多亏包待制大人可怜见，着老汉柴市里讨柴，米市里讨米，养济着老汉，过其终身"。瓦窑村盆罐赵经常进城卖瓦窑的陶器，卖不完的就往往寄放在张别古家，也不给钱，只是说将来给他烧制一个夜里撒尿的瓦盆"夜盆儿"，可还是"数番家说谎，只是不与"。张别古老汉恰巧这天又到盆罐赵这里来要夜盆。盆罐赵夫妻俩就把那个底下有十字暗号、杨国用骨灰烧的那个"乌盆"给了张别古。张别古用手指弹一弹，说这盆"破声雌雌"，要换好的。盆罐赵欺负老年人眼力不济，假装换了两回，最后还是那个乌盆让张别古拿回了家。

乌盆喊冤告状

虽说张别古号称是"汴梁有名的不怕鬼张别古"，可拿着这盆一路上走回家，老觉得有哭声跟随，到了家里还不清净。张别古想起来"人说门前撒下一把灰，那邪神野鬼便不敢进来"，到门口撒了灰，可还是觉得隐隐约约有哭声。半夜里起来往盆里小便，结果都撒在了地上。一晚上又冷又惊，老觉得乌盆在地上动来动去。

到了凌晨时分，这乌盆开口和张别古说话，吓得张别古连连求饶，再不敢说自己是个不怕鬼、会法术的老汉。杨国用的鬼魂向张别古老汉哭诉，把被盆罐赵夫妻陷害的事情说了一遍。要张别古把"这盆儿拿到包待制爷爷面前，你去那盆沿儿上敲三下，我就玎玎珰珰的说起话来"。

第二天张别古老汉真的带了乌盆到开封府来告状。可到了大堂之上，张别古敲盆沿，一二三，可"并不听得一些儿声响"。包公说："我也道这老儿老的糊突了，那曾有盆儿会玎玎珰珰说话的道理。张千，与我抢出去。"

张别古带着乌盆被赶出衙门，到了街上，一、二、三一敲，这乌盆里的鬼魂又"玎玎珰珰的说话"。张别古再去叫冤屈，可到大堂上，这乌盆又没有了声音。张别古老汉气得到了街上要摔碎这乌盆，乌盆里杨国用的鬼魂又说话了，说是被开封府的门神户尉"一似狠那吒，将巨斧频频掐"，所以鬼魂进不去。于是包公"老夫心下自裁划，金钱银纸速安排。邪魔外道当拦住，单把屈死冤魂放过来"。要衙役张千到门首烧了纸钱，鬼魂才随阴风而入。

戏剧里的包公都是有法力的，果然见"那厅阶下一个屈死的冤鬼，别人不见。惟老夫便见"。于是杨国用的鬼魂把自己的冤屈细细说了一遍。包公大怒，"果然有这等冤枉事。张千，你去拿将盆罐赵夫妻两个，一步一棍打将来者。"盆罐赵夫妻俩被带到大堂上，要他们和乌盆当面对质。这夫妻俩见乌盆里鬼魂说话，吓得不轻，没有了办法，只好认罪。

于是包公判决："张千，选大棍子来，每人先打一百。"

然后下令书吏录下夫妻俩的口供，要他们画了押。包公"当堂判个斩字"，"即日押赴市曹，将他万千刀，凌迟处死"。

包公又判决："将盆罐赵的家私尽数抄没，将来均分做两处，一半给赏张别古，见义当为，能代人鸣冤雪枉；一半给杨国用的父亲，作为养赡之资。并将这盆儿交付与他，携归埋葬。一面揭榜示众，通行知悉者。"

于是整个故事结束，包公感叹："不是孤家好杀人，从来王法本无亲。余资并给残年叟，虚冢能招既死魂。莫道一时无义士，肯令三尺有冤民。从令揭榜通知后，留与人间作异闻。"

屡经改编的故事

明代小说《龙图公案》第四十四回"乌盆子"，已经将这个故事的背景搬离了汴梁，而换到定州，被害人叫李浩，是扬州巨商，在定州去城十余里，饮酒醉倒在路中睡去，被丁千、丁万害死，"夺其财物有百两黄金，二人平分"，扛抬尸首入窑门，将火烧化。过了一晚上，取出受害人骸骨来捣碎，和上泥土，烧成一个瓦盆。乌盆后来被当地的王老买得，也是当作盛尿的"夜盆"。当夜王老听见乌盆鬼魂诉冤，于是去府衙首告。包公大骇，捕到丁千、丁万，不料这两个"坚不认罪"。包公又抓来两人的妻子再审，讹诈两人的妻子："你们的丈夫将李浩谋杀了，夺去黄金百两，将他烧骨为灰，和泥作盆。黄金是你们收藏了，你们的丈夫都已经分明供认，你们还抵赖什么？"两人的妻子果然中计，一起坦白："是有黄金百两，埋在墙中。"包公即差人押其妻子回家，果然在他们家的墙壁里挖出了赃物。"包公断二人谋财害命，俱合死罪，斩讫；王老告首得实，官给赏银二十两；将瓦盆并原劫之金，着令李浩亲族领回葬之。"

晚清说书艺人石玉昆创作的评书小说《三侠五义》里，再次改编了这个故事。第五回"墨斗剖明皮熊犯案，乌盆诉苦别古鸣冤"，又把故事背景安到了安徽定远县。包公任定远知县，当地一老者姓张行三，为人耿直，好行侠义，因此人都称他为"别古"（与众不同谓之"别"，不合时宜谓之"古"）。张别古从欠了他柴草钱的赵大处得一乌盆，是苏州商人刘世昌的骨灰所造。同样是乌盆里的刘世昌的鬼魂要张别古到包公处喊冤。包公下令捉拿赵大夫妇，登时拿到，严加讯问，并无口供。包公沉吟半晌，便吩咐："赵大带下去，不准见刁氏。"立即传赵大妻子刁氏上堂。包公说："你丈夫供称陷害刘世昌，全是你的主意。"刁氏闻听，恼恨丈夫，便说出是赵大用绳子勒死的，并言现有未用完的银两。即行画招，押了手印。包公立刻派人将赃银起出来。带上赵大再审，叫他和自己妻子质对。"谁知这厮好狠，横了心再也不招"，坚持说银子是积攒的。包公一时动怒，请了大刑，用夹棍（用绳索抽紧3根硬木棍夹受讯者双踝或双膝）套了两腿，问时仍然不招。包公一声断喝，说了一个"收"

字。不想赵大不经夹，就呜呼哀哉死在了刑具之下。包公见赵大一死，只得叫人搭下去。这个案子就算是结案了。

近代京剧等戏曲的剧本即来自《三侠五义》。更改了原来元代杂剧里主要角色的名字：受害人杨国用改成刘世昌（老生），盆罐赵改称赵大（丑），添加了刘升（刘世昌的仆人，丑），当然还有张别古（丑）和赵妻（彩旦）两个重要角色。剧情基本不变：绸商刘世昌，投宿客店。店主赵大夫妇，窥其行囊沉重，顿起不良，在酒里下毒，毒死主仆二人，并将二人尸体砍为肉酱，杂以泥土，团成乌盆。事隔数年，毫无破绽。正好张别古至赵大处讨草鞋钱，赵大坚持不肯给钱，就拿了那个乌盆抵偿。张别古取盆回来，听见乌盆里有鬼声诉冤，于是张别古拿了这个乌盆到包拯处首告（出面告发）。包公受理了这个案件，发签拘提赵大，一审而服。

那么我们不禁要问一个问题，为什么《乌盆记》和其他的元代包公戏剧目不同，不断得到改编的机会，长演长兴呢？

触犯古老禁忌的犯罪

首先应该了解的是，这出戏里盆罐赵这样的行为究竟触犯了古代什么样的法律罪名？

中国传统文化注重维护人身的完整性，《孝经》所言，"身体发肤，受之父母，不敢毁伤，孝之始也"，保全身体的完整，是尽孝的最基本的原则。即便是生命被剥夺，只要身体完整，受害人的鬼魂仍然可以面对祖先。即便是被朝廷处罚，只要不是列为重罪的，就是死罪，也能够被以绞刑这样能够保全身体完整的方式处死。只有实在是犯有被认为罪大恶极的罪行，才处以"身首异处"的斩首。反对皇帝、侵害家长的，更要处以"凌迟"，将罪人身体片片零割，永无复原可能。

根据这个原则，杀人并且故意毁坏受害人尸体的，就是一项罪大恶极的犯罪，要予以严惩。按照唐宋时期的法律，杀人并且毁坏被害人尸体"支解人"，是属于"十恶"中的"不道"重罪，罪犯绝不可赦免，必须要处死。而在这个剧本形成的元朝时期的法律里，盆罐赵的罪名更为严重，强盗杀人，并且焚尸灭迹的，相当于十恶大罪"不道"中的"支解人"，夫妻两人作为同谋共犯，不分首犯从犯，都要凌迟处死。而且要没收财产赔偿给"苦主"（受害人家属）。所以元杂剧《玎玎珰珰盆儿鬼》中包公的判罚可谓有法可依：盆罐赵夫妇被凌迟处死；将盆罐赵的家产没收，一半给赏张别古，"见义当为"，能代人鸣冤雪枉；一半给杨国用的父亲，作为"养赡之资"。这里的"养赡之资"，就是今天讲的"赡养费"，是元代法律特有的制度，凡是伤害他人造成残疾的，使用残酷手段害人的，都要没收财产作为受害人及其家属的赡养费。

到了明清时候，强盗杀人的罪名本身已经加重到只要"得赃"，不分首从皆斩。也就是说，不管是几个强盗，也不管受害人是否受伤害，只要抢到了一点赃物，哪怕只是一两银子，所有参与的强盗全部处以斩首。因此强盗杀人以后再焚尸灭迹的，就不再加重到凌迟处死。所以，在明朝的小说里，包公的判处就不再是将盆罐赵夫妻凌迟处死，而只是砍头了。而晚清《三侠五义》里，索性让包公使用刑讯，把盆罐赵直接弄死算了。

对于伤天害理行为的警诫

中国古代社会一般都认为，凡是人命案件，必须要"尸、伤、病、物、踪"5项要件。这是《水浒传》《金瓶梅》小说里提到过的。就是确认死亡要见尸；"尸"要检验出有"伤""病"来确定死亡原因；"物"就是物证，包括凶器或其他致死的物件；"踪"，就是指已经具有证人证言等足以证明行凶情节的踪迹。

在这5个要件里，尸体显然是最重要的，死不见尸，往往就难以定罪。那么是否就会提醒罪犯，有意识地毁灭尸体来逃避法律的惩罚？

没有发现尸体就难以定案，确实是古代法制中一个悠久的传统。宋朝以前就有这样的司法原则。比如唐代人刘肃在他的笔记《大唐新语》里就记载了武则天当政时这样一个案件。有一次，有个已经在御史台当官的告密人诬告驸马崔宣谋反。那个诬告的人预先将崔宣的一个小老婆拐走，藏在一个秘密的地方，然后诬告说："崔宣的小老婆知道他要谋反，就要去告发，结果被崔宣杀掉，尸体扔到洛水里去了。"武则天见这告发的人说得有模有样，就把崔宣抓进大牢，命令侍御史张行岌负责处理这个案件。张行岌几经武则天责难，仍然坚持未找到尸体不能确认罪名。并通过高额悬赏、派人四处秘密打探，果然找到了那个小老婆。张行岌立即向武则天报告，为崔宣平反，把那个告发者依诬告反坐。这个故事后来被收入了《疑狱集》《折狱龟鉴》《棠阴比事》等著作，被称为"行岌访妾（访是查访，妾就是小老婆）"，具有广泛的影响。

同时在古代的司法实践中，对于故意毁坏受害人尸体企图逃避法律罪责的罪犯，要加重处罚。比如《续资治通鉴长编》天圣五年（1027年）三月总结北宋仁宗时的法制状况，说是当时洞庭湖上常发生抢劫商船案，盗匪将受害人一概杀死后扔到洞庭湖里，这类案件即使被破获，抓住了罪犯，可是"以所杀尸飘没无可验"，仍然没有办法定案。只好上报到朝廷。而皇帝也要积阴德，往往宣布以"疑案"来结案，罪犯只是按照被怀疑的罪名宣判死罪，但并不确实执行死刑，而是减等改判为流放、刺配远恶军州等等替代死刑的刑罚。后来在这一年，李若谷担任潭州（治所在今湖南长沙，辖区至洞庭湖湖区）知府，他发现本地有一些从流放地或刺配地潜逃回来的罪犯屡屡作案，手段残忍，大多是以前那些在洞庭湖杀人抢劫而没有定成死罪的惯犯。他秘密部署破案，抓获后将这些人以前后几件杀人案一起上报，判处死刑，并在市场上公开执行凌迟处死酷刑。

"尸伤病物踪" 5项要件并不是在唐宋法典里的明文规定，它只是司法界的一个惯例，是一个审理的原则，并没有法律条文的明确规定。在现在可以看到的唐代法典《唐律疏议》、宋代最初的法典《宋刑统》，都没有这样明确的条文。而且不仅是唐宋时期，在古代任何一个朝代的法律都没有这样硬性的法律明文规定。因为法律规定也是会产生行为导向的，如果有了这样的明文规定，万一"启发"了凶徒毁尸灭迹，比如王婆、西门庆那样残忍地将武大郎尸体火化，或者是如北宋那些洞庭湖匪那样将受害人尸体沉入深渊，那又是多坏的"社会影响"！

因此这个鬼魂乌盆的故事，在我们今天看起来是荒诞不经，可是在古代却有重大的教化意义，是警告罪犯，冤魂不会因为死尸消失而消失，而是一定会显灵，来向包公这样全能的法官申冤，报仇雪恨。

因此从这个意义上讲，《乌盆记》是对于极度伤天害理、毁坏受害人尸体犯罪行为的严重警诫，是一个重要的教化剧目，它试图援引神鬼的力量，来保持人们对于法制的畏惧。以更令人畏惧的来自于阴间的监督力量，来迫使人们遵守法律。因此作为一个重要的"法制教育"剧目，这个剧目才被不断改编不断上演，成为几乎唯一一个连续不断演化的包公戏剧目。

12

高文举珍珠记

　　《高文举珍珠记》，是由明代无名作家创作的一部"文拯公案"戏。据明代作家徐渭的说法，在明初的南戏剧目里就有一部《高文举》，在民间广为流行。现存最早的该剧目的剧本是明万历年间"弋阳腔"的剧本，后来在明清时广为流行，由各地方剧种改编演出，剧名多变，有《珍珠米糷记》《珍珠记》《珍珠米记》《米记》《米糷敲窗》《合珠记》等等，盛演不衰直至当代。1958年上海电影制片厂还曾将其搬上银幕，拍摄了经改编的赣剧《高文举珍珠记》。

　　这个剧目的故事主线是写科举做官导致的婚姻悲喜剧。说书生高文举无力偿还官债，经本地富翁王百万代为缴纳，还娶了王百万的女儿王金真。高文举进京赶考高中状元，被当朝权臣温丞相强招为婿。王金真进京寻夫，却被温丞相的女儿温氏抓住"剪发剥鞋"，罚在相府浇花扫地。王金真幸得老仆帮助，与高文举相会。王金真越墙赴开封府告状，最后还是包拯审明案件，还了王金真的名分地位。

两次被招赘的读书郎

这个剧目里的主角高文举，是个洛阳的读书人，只因为官府管理仓库时遭遇火灾，被官府责令赔偿，赔光了全部家当，还缺三百两白银。本乡财主王杰，人称王百万，没有儿子，只有一个女儿王金真。那天正好王百万祝寿，到十字街头布施贫寒。高文举听说，特意上前求贷，原来只是想借钱渡难关，想不到王百万听了他的哭诉，问了他的生辰八字，居然和自己女儿同年同月同日同辰，索性将高文举带回家中，招赘成亲。

高文举一跤跌进青云里，结婚后得到岳父资助，立刻就赴京赶考。临行前少不得夫妻海誓山盟，王金真将一颗珍珠一破为二，半颗交给高文举，"多有男子汉心歹，得中之后便忘了前妻"，以半颗珍珠为信物，"彼此不得重婚再娶"。

高文举到了东京，高中了状元，又被当朝宰相权臣温阁看中，强招高文举入赘。原来这温阁"白首无男"，只生育得两个女儿，大女儿嫁给了当今皇上，成了皇后；小女儿尚待字闺中。温阁见高文举"才貌兼全"，借着新科进士来参见宰相的时候，就把高文举留在府中，强行和女儿温金定成亲。

高文举二次被招婿，心中未免忐忑，暗中写了一封家书，要仆人张千送回。不料书信被温金定截获，她就在书信最后添写一句"可使前妻别一天"。古代都说"妻以夫为天"，"别一天"就是要王金真改嫁的意思。

书信传到王家后，听说高文举又娶了宰相之女，王金真还说："做官人一两房妻子何害？"只有王百万嘀咕"自古道：船多碍港，人多碍床。"最后听到要王金真"别一天"改嫁，王百万大怒。王金真依然冷静，叫来张千仔细审问，才搞清楚这一句是温小姐添加的。王金真立即决定动身，带了丫鬟和张千前去东京寻夫。

入虎穴寻找亲夫

按照古代说书及戏剧的套路，高文举的两段被招婿姻缘自然都是前生注定。原来这王金真前世曾吹灭了佛前灯，又"磨难了善良婢女"，因此佛祖使受难婢女转世为温小姐，来和王金真作对。太白金星出场，命令土地神化身为老虎冲散了王金真一行，使王金真孤身一人落难东京，刚找到相府，就被温金定指令婢女暴打一顿，剪去头发，日间浇花、夜里扫地，成了相府丫鬟一名。还好有相府老奴照顾，没有让王金真多受苦。

王金真满心希望能够和高文举相会。高文举却被皇帝招进内廷"侍读"，长期不在相府，好不容易有一天回到相府，到书馆安歇。老奴给王金真报信，王金真想起高文举在家时喜欢吃一种叫"米糷"的点心，"糯米粉调合，做成小团儿，再用胡椒煮汤，加些葱韭"。于是她精心为高文举做了这道点心，还将当初作为表记的那半颗珍珠放入米糷内。高文举见了"米糷"点心已是满腹疑心，从碗里捞出半颗珍珠，与自己身藏的比对完全相合，知道王金真已经来到相府。追问老奴，老奴只推不知，暗中观察高文举反应，回报王金真。

当夜，老奴指引王金真到书馆与高文举相会。王金真在窗外低声哭泣，叫唤"高文举"，而房内的高文举第一反应是："下官自到温府，哪一个不叫我做老爷，谁敢唤我的小名！"片刻之后，明白了定然是前妻的叫唤，想到王金真来到相府的消息被恶意封锁，登时咬牙切齿地发誓："妻！倘若是你来此，受温氏磨灭，我怎肯干休呵！我情愿解却朝簪，弃此官职，定要把仇来报。"

不过高文举这血性热度连三分钟都没有，王金真在外要他开门，他却踌躇起来："不可，倒是下官差矣。若是前妻来此便好，只恐温小姐假使梅香故装前妻声音，戏弄于我，却不道反被她嗤笑一场。俺这里想后思前，休把定盘星儿错认了。"迫使王金真要在窗外将两人结亲缘由说个明白，才开门纳妻。哭诉之后，夫妻商量如何应对，高文举又软了骨头："妻，今夜书房中，为丈夫的怎么就认得你，倘奸相与小姐知道，你命我命皆休矣。"他告诉王金真，满朝文武都受温阁的摆布，只有包公"与温阁做得对头"。他自己不敢出头和温金定离婚，更不敢挑战温阁，相反要王金真从后门越墙逃离相府，赶紧到开封府告状，告自己"停妻再娶"。

包公裁断状元案

包公又是陈州粜粮而回，刚"放告"（受理起诉案件），就有王金真拿了一张白纸来"告天"。包公一听就知道是告自己的丈夫，仔细询问，搞清楚前后原委，立即尊称王金真为"诰命夫人"，请入后堂，由自己夫人陪伴。

包公回头就派人请高状元过来，先是一副请教的样子，问了两个问题后就直接问了个负心女婿的问题，高文举立即请罪，免冠下跪。包公开审，高文举一一招供，牵扯出温小姐才是罪魁祸首。于是包公还了他的冠带，释放回家，可是高文举又说："下官再不敢回至温府，恐奸相知道，性命难保。"于是包公只好把自己家当作避难馆，让高文举到包府和王金真相聚。

包公感叹："温阁，温阁，老夫几番见你窃弄威权，要寻思与你辩一场是非，争奈没个对头，今番遇着这桩事，老包与你是个对头了。"于是立即进宫拜见皇帝，指控温阁"窃弄威权、灭法败伦、伤风梗化"，而具体罪名只有"勒赘"新科状元，纵容女儿温金定折磨诰命夫人。皇帝立即很爽快地下圣旨判决，温阁"不能齐家、焉能治国？""将温阁削除官职，闲住为民"；将下书的张千"押赴市朝，依律取斩"；温金定依照她施予王金真的"磨灭"进行处罚，"剪除头发、脱去绣鞋、打为奴婢"；救主有功的老奴，由王金真作为养母养护终身；高文举当即携妻衣锦还乡；籍没温家一半财产，留一半养老。

高文举带了王金真回到洛阳王家，合家团圆。王百万劝告女儿"大量宽洪"，以温金定的"国姨"身份，不宜贬为婢女。并宣布收留温金定为女儿，与王金真"姊妹称呼"。这时皇帝的圣旨又到，升授高文举为礼部侍郎，封王金真为"贤淑夫人"，授温金定一份每年80石的"金花俸米"。王百万乐善好施，又因高文举的"半子之情"，封为洛阳府尹。全剧就此大团圆结束。

招婿为"半子"的法律

这个剧目中高文举的两次被招赘是冲突的起因。那么古代法律里究竟有没有关于招赘的规定？

在有文字以来的人类历史时期，父系家族是一个普遍的现象，婚姻的常见形态是妇女加入丈夫家庭，相反的情况则被认为是不正常的。事实上直到20世纪上半叶，大多数国家的婚姻法还都规定妻子以丈夫的住所为住所，婚后应改姓丈夫姓氏，也就是说女到男家的婚姻形态被认为是正常的一般的形态。反之男到女家则被古代世界的法律认为是不正常的。中国古代的法律也曾经将男到女家的婚姻视为极其反常的形态，对于甘愿到女家的男子称之为"赘婿"。赘，是多余、累赘的意思，也就是视到女家成婚的男子为社会的累赘。在湖北云梦睡虎地秦墓出土的竹简中，有两条将赘婿视为贱民的魏国法律，一条是《户律》，规定凡是抛弃自己家族产业入赘到女家的"赘婿"，与寡妇结婚并在寡妇家落户的"后父"，都不得正常登记户口，也不能由国家分配土地，三代以内不得出任官职，第四代即便能够登记户口、出任官职了，在他的户籍上还要记录"原赘婿某某曾孙"。还有一条《奔命律》，要求军队的将领对于被征发从军的赘婿、后父不必关照，"烹牛食士"之类的赏赐不要给他们，攻城的时候派他们去填城壕。湖北张家山汉墓出土的竹简中有两条汉朝初年的法律，对于赘婿立户，还是采取歧视原则，禁止赘婿处分岳家的财产。秦汉时都曾将赘婿编为特别征发的对象，使用于危险的远征战役。汉代仍规定赘婿不得为吏。

赘婿是贱民等级，可是战国的时候，人们就说秦国人"家贫子壮"的，就出赘到岳家，显然这样的婚姻状态还是很多穷人的选择。不过由于这种歧视的既定政策，至少在目前能够见到的史料里，元代以前似乎并不存在赘婿婚姻的法律规范。

上文已经提到，元代法律已经将招婿婚姻合法化，区分出"养老""年限""出舍""归宗"这样4类。其中"养老女婿"要在女家生活终身，为岳父母养老送终。其他3类都没有这个要件，允许女婿在一定年限或某些情况下可以带妻子离开岳家回到父母家"归宗"或者另行独立生活。同时元代法律对于出赘也有一定限制，比如有钱人家的独子不得出赘，"若贫穷止有一子，立年限出舍者听"，良民一般不得入赘贱民之家。出赘要由主婚亲人写立婚书，写明养老或年限，主婚、媒人、证人等副署画押。招女婿的聘财比照通常嫁娶的数额要少，养老女婿为通常聘财的二分之一，出舍、年限女婿为三分之二。

元代的法律被明清沿用，但又明确规定赘婿不得承奉岳父母家香火，不得独自继承岳父母家遗产。《大明令·户令》规定，招女婿分为"养老""出舍"两大类，经过媒妁中介证明，要"明立婚书，开写养老、或出舍年限"。男方只有一个儿子的，不许出赘。尤其是明确规定，养老女婿不得成为岳父家唯一继承人，岳父母可以在去世前"立嗣"，从自己兄弟、堂兄弟的儿子里挑选一位"嗣子"作为自己的法定继承人；如果没有立嗣就已经死亡的，也要由其宗族为死者挑选一个同宗的侄子作为"嗣子"，来继承岳家的香火牌位，家产由这位"嗣子"和原来的养老女婿平分。因此才有入赘的女婿是"半子"的说法。这项法律后来被清代沿袭，一直沿用到20世纪初。

"小题大做"的包公

那么高文举这样两次被招赘的行为，以及温阁进行"勒赘"（强制招赘）的行为，究竟是否真的明确触犯法律，要受到怎样的刑罚处罚？

古代法律里并没有重复招赘的条文，只能比照一般的重婚罪来处理。按照宋代的法律，"有妻更娶妻"，只是判处一年徒刑的罪名，女方知情的，同样处罚；女方不知情的，男方"欺妄"成婚的，罪加一等，判处徒刑一年半。后婚取消，前婚维持。明代基本一样，只是法律处罚更轻，不过是"杖九十"。因此高文举这项罪名实际上是很轻的。

古代法律里也没有"勒赘"的罪名，只能从"恐吓成婚"或"强娶"罪名去类推。宋代法律规定一方利用权势强迫"违律成婚"，要加本罪一等；"强娶"的，再加一等。那么如果这个故事真的发生在宋代，温阁的罪名不过是徒二年半而已，算不上重罪。明代法律里一般性的"强娶"规定和宋代相同。

温金定折磨王金真，是否构成重罪？答案也是否定的。宋代法律上并没有后妻殴前妻这样的罪名，即便是比照妾殴打妻的法条，未成伤的是处罪"杖八十"。这出戏流行的明代，这个罪名加重到杖一百，也不算重罪。而且下令折磨王金真的并不是温阁，温阁也没有代女受罚的道理。

鉴于这个故事实际上是在明代流行的，那么很可能剧作者心目中比照的是明代法律特设的两条罪名了。

一条似乎可以比照的是"逐婿嫁女"，凡是岳父母无故驱逐已经入门的赘婿、重新将女儿嫁人的，主婚的家长（岳父）要处杖一百，女儿知情的同样处杖一百，后婚取消，前婚维持。不过这里高文举的两位岳父母都没有"逐婿嫁女"的意思和行为，实在是搭不上。

另一条是"强占良家妻女"罪，这一条是明代特设的，凡是"豪势之人"强夺良家妻女"奸占"为自己妻妾的，或者是给自己的子孙弟侄近亲为妻妾的，要处以绞刑，被害人回归本家；如果被指配的子孙弟侄并不知情的，婚姻解除，无罪释放。用这一条里的"良家妻女"倒过来用在高文举身上，算是有几分的合拍。温阁自然是"豪势之人"，将已有妻室的高文举强行招赘，正好与强占良家妻子为自己儿子之妻的情形相似，可以定为死罪。当然这不能直接援引，必须要类推"比照"。按照明代法律的规定，定罪无正条，可以比照最相似的条文定罪，但必须要经过朝廷批准。在这个剧目中，包拯正是这样做的：并不具体提出判决的建议，而是直接向皇帝请示判决。皇帝作出将温阁革职为民、没收一半财产的判决，可以被视为依据这条法律对温阁作出免于死刑的替代处罚。

因此从《高文举珍珠记》这个剧目中，我们可以发现，剧作者总是在受所处时代法律的影响，戏剧情节中包公的"小题大做"，确实还具有一定的合理性，这样才能被当时的观众接受，也能被政府严厉的戏剧控制政策所容忍。

13

狸猫换太子之一
——包公出世

星宿下凡助大宋

《狸猫换太子》，是近代包公戏中最为著名的连台本戏，长演不衰。它的头本就是"包公出世"，专演包公家庭故事，讲述包公生平传奇故事。并穿插宋仁宗的生平传奇，逐渐将这对君臣的故事合轨到一处，宣扬"百善孝为先"的道理。

这出戏一开始，先是交代历史背景：北方的辽朝不断攻打宋朝，宋朝江山危机连绵。于是引来了天宫凌霄宝殿里玉皇大帝的关心。"吾乃协天上帝是也。只因隋唐以来，乱世太久，人民受苦。特派星官下凡，共治万民。"玉皇大帝点派了"紫微星"，下凡人间，投生宋朝皇宫，为当时宋朝皇帝宋真宗的儿子——这就是后来的宋仁宗了。玉皇大帝又传来"文曲星","命你下凡,扶助大宋江山,下界去吧"。

在中国古代天文学里,紫微星——也就是北极星,是"帝星",一直是象征皇帝的星宿。而"文曲星"原来只是北斗七星的"魁斗"中第四星"天权"的古名。可是民间总是将这个"文曲星"和"文昌星"混同。文昌星原来是指三垣二十八宿中紫微垣中的一个星官,有星六颗,如半月形,列在北斗之前。古代天文学的解说里,这六颗星分别象征六个政府部门或官员。后来蜀郡的百姓为纪念反抗前秦入侵而战死(374年)的英雄张育,在梓潼七曲山建张育祠,尊奉他为"雷泽龙王"。以后逐渐被民间奉为"文昌君",这个"文昌君"又和文昌星混淆,再和文曲星混淆。

我们看看这个文曲星或者文昌星、文昌君的样子,原来还是一个读书人的样子。

可是到了宋朝以后,民间进一步将"魁星"和这文曲星、文昌君、文昌星混为一谈。所谓的魁星,就是北斗七星的那个"斗",儒家的《春秋运斗枢》所载:北斗中的"第一至第四为魁"。这魁星的模样就差点,因为"魁"字左边是个鬼字,民间就有"魁星踢斗"之说,把魁星之神想象成了一个小鬼模样。我们看看西安碑林里的魁星踢斗的拓片:

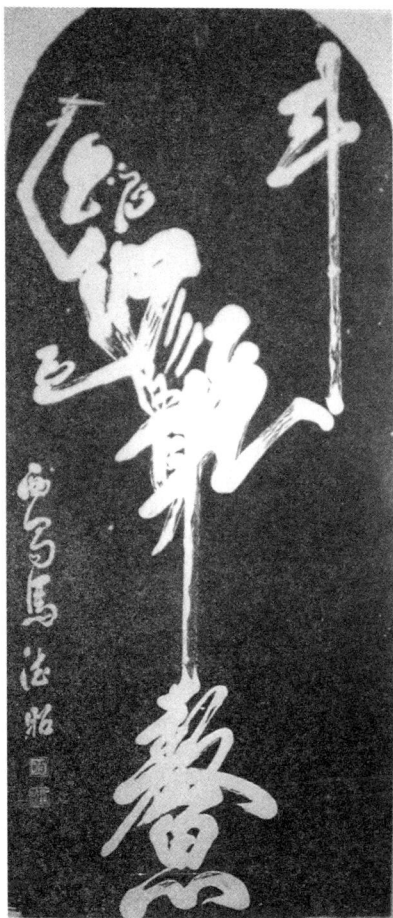

鬼，就要头上出角，也有的魁星像是头上有尖角的鬼样子。看看这个，叫作"独占鳌头"。

丑八怪吓坏老父亲

这个文曲星（文昌君/魁星）到人间来投胎，到了合肥的包家村。这村子里有个富翁叫包员外，那天因为老婆快要临产，多喝了几杯，"只吃得醉醺醺快乐人心"。准备到上房休息，正好看见怪模怪样的文曲星闯进来投胎，"猛抬头见怪物所为哪家？妖魔出现是何根芽？"正在慌乱，那边报喜，说是夫人生下一个儿子。包员外长叹："妖精投胎，不幸不幸。"

包员外的大儿子包山、二儿子包海进来"恭喜爹爹，贺喜爹爹"。包员外叹气"喜从何来？"包员外叫老大包山去请医生，自己和老二包海商量："适才为父睡梦之间，见一个怪物，奔入上房。忽然你家母亲产生，想这定是妖怪下凡，败坏门庭，大大地不幸也。"而这包海和他老婆一直在计较：老妈年纪这么大了还要养一个儿子出来和自己分家产，一听说包员外讲新生的弟弟是个妖怪，立刻附和："既然是爹爹梦见妖怪，日后定是个败家子。"于是出主意，将新生儿"抛至西山之下，想那边猛虎甚多，一定吃了这个妖精。母亲醒来问时，就说落地身亡。爹爹你看这个计策，好是不好？"包员外倒也同意。

包海立刻进房抱了小弟弟就走，和老婆李氏打了个招呼，直奔西山。想不到这文曲星岂是凡人能害的？西山的山神早就等着他，变了一只老虎，吓跑了包海，带走了婴儿。

老大包山的老婆王氏也快要临盆，在门口等丈夫回家，见包海慌慌张张奔进家，就到二弟门前偷听二弟与弟媳的对话。李氏在问："三弟可曾死了无有？"包海说："纵然不死，也要被那猛虎当了点心。"王氏听了于心不忍，正好丈夫回家来，立刻要包山"赶至西山，搭救三弟"。

大嫂为母抚育恩

包山到了西山，被山神看护的下凡文曲星当然还在。包山带了回来，家里妻子王氏也生育了一个儿子。包山出了主意："倒不如就将你我夫妻亲生之子，寄在我舅父家中，暂时抚养；将三弟留在家下，权当你我的儿子。等到后来，我三弟长大成人，那时节，再与我家爹娘说明，此时我二弟纵有加害之心，想我三弟，亦晓人事，大约不至于受害也，不枉咱夫妻抚养一场。娘子你看此计可好？"王氏满口答应。

从此包老三，也就是后来的包拯、包公，就是吃嫂子的奶、由嫂子带大的。而与他同日出生的侄子包勉，倒是在舅父家长大的。

几年后，包山夫妇给老爸包员外做寿，正好包夫人见两子都在，想起伤心事："数年前产生三子，不幸落地身亡，也未曾见得一面。如今若往，与我那孙儿般长般大，今日老身想起我儿，怎不伤心呐？"包员外："我对你说了吧！只因为那年你产生的那日，老汉在书房打睡，睡梦之间，见一怪物，慌忙进了上房。忽然安人临盆，我想定是那妖魔下降，日后定要败坏门庭。且喜这个妖怪，落地而亡，你我家门有幸，今日全家欢乐，你想起当年的事儿来了，真正是岂有此理。"包山赶紧跪地给父母请罪，说明："只因数年前我母亲产生三弟，生得面貌魍魉，当作了妖怪……也不知何人，将三弟抛至西山。那时孩儿，收账而归，闻得此事，急忙赶至西山，幸喜三弟未曾伤得性命。是孩儿将三弟，抱回家来，那时你媳妇也产生下孙也。是孩儿心生一计，将三弟留在家中，权当做二老的孙儿，将你媳妇产生的孙儿，寄往舅父家中抚养去了！"

包山赶紧让包拯上前拜见父母，老夫人喜出望外，要包山把孙子包勉也叫来。而包员外被夫人一顿数落，"你这个无有良心的老东西！"

包员外出外叫来了包海："谁叫你做事不小心？我今见妖怪气难忍，日后定要败坏门庭！"包海回到自己房内，又被老婆李氏责备："哎！你这个事情，怎么办的这样？真正是个大饭桶！"李氏又出坏主意："我们家里，不是有的是羊。就叫三黑子，去到后山放羊。我后山惯出豺狼虎豹，况且山又高大，他是个小孩子，若是不当心，一滑脚，就掉在山涧里，你说这个主意，好不好？"

包海于是就叫包拯、包勉去放羊。想不到这文曲星自有天神护佑。天上的玉面大仙等几个下到凡间玩耍，和罗汉争斗，罗汉叫来雷神帮忙，玉面大仙"且喜今有文曲星在此，不免藏躲在他身后，避过这雷击之灾便了！"果然上场的雷公、闪电、风婆、雨师都没有办法伤害到玉面大仙。吓坏了赶来的老大包山，赶紧把包拯带回家。

以后包拯在大哥大嫂的护佑下茁壮成长，无师自通地读书应举。最后考上状元，做了大官。

于史无据的传奇

这一段戏曲故事是最普及的包公出世的故事，它告诉我们包公是个富二代，却没有享到什么福，只因为生来是个黑脸丑八怪，被父亲嫌弃，二哥陷害，和工人一起放羊，是个苦出身。

我们在前面已经介绍过历史上的包拯，和这些故事没有一点关系。稍微有点影子的"嫂养弟"的故事，是包公下一代的事情。总而言之，于史无据的戏剧里的包公，是一个被丑化、黑化、苦化的形象。

历史上的包公长得怎样？是没有办法搞清楚的问题。不过在唐宋时候当官，相貌很重要。唐代法律规定，选官面试的时候，要看"身、言、书、判"。首先"身"就要看相貌，要求"相貌丰伟"，就是比较端庄的那种。我们看看，在明朝人画的历代贤君名臣里，包公的样子很端正的。

在明清士大夫给包拯编的文集里，画的包拯像也是有模有样。

可以断定，包公又黑又丑的说法，完全来自于民间传说。1967年在上海嘉定出土的《新刊全相说唱包待制出身传》，成化年间（1465—1487年）刊本，是目前最早的丑化包公的文本，今天戏曲中有关包公身世的故事全都源于这个话本：父为富翁，生子丑陋，打算丢弃，被长媳收养，"末遇三郎生得丑，八分像鬼二分人，面生三拳三角眼，太公一见怒生嗔"。

最完整的包公故事，要数《百家公案》，一名《包公传》，十卷一百回，明钱塘散人安遇时编纂。最早的版本是明万历二十二年（1594年）朱仁斋与耕堂刊本。该书说的包公身世和上述说唱话本相差不多。"庐州合肥县，离城十八里，地名巢父村，又名小包村。包十万生下

包拯像

三个儿子，包待制是第三子。降生之日，面生三拳，目有三角，甚是丑陋。十万怪之，欲弃而不养。有大媳妇汪氏，乃是个贤名女子，见三郎相貌异样，不肯弃舍，乞来看养。"

苦化、丑化、黑化的缘由

那么为什么民间传说和小说戏曲里要将包公的身世苦化，把他的面容丑化、黑化？

将包公的身世苦化，是一个传播学的典型事例。最直接的原因，就是民间艺人要"苦化"包公身世，来博得受众的同情与认同，并符合了民众提升自身社会身份等级的愿景。另外，也符合儒家所谓"故天将降大任于是人也，必先苦其心志，劳其筋骨，饿其体肤，空乏其身，行拂乱其所为，所以动心忍性，曾益其所不能"（《孟子·告子下》）的说法。

为什么要将包公面容丑化、黑化？直接的原因自然是我们一开始就交代了的：包拯是文曲星下凡，而文曲星和文昌君、魁星混淆，丑陋的文曲星（文昌君/魁星）形象被套到了包公身上。

可是再深入想一想，我们还可以发现实际上有着法律文化的深层次因素。

首先，为什么要黑化包公？

人类由于夜间视力不佳，自古畏惧黑暗，因此黑色一般总是代表不祥事物。黑云、黑气、黑风，总是代表鬼怪、人们死后去的阴间。包公死后没多久，就被民间奉为"东岳速报司主"。当时民间宗教观念上，阴间东岳大帝属下专掌善恶因果报应的机构叫"速报司"，由于因果报应迅速而故名。

因为黑色是人们畏惧的颜色，恰恰可以代表法律的威严。中国古代很早以前就将黑色和水，和北方，和玄武神联系在一起，在阴阳五行学里代表法律。秦始皇按照阴阳五行学说，确定秦朝"尚黑"。以后历代都将黑色作为法律象征。包公既然是法官形象，自然也就被打上黑脸印记。

其次，为什么要丑化包公？

这主要是出于"奇人异相"，是原来说唱艺术的需要，以丑化主角的方式来将主角突出，使流动性很大的受众能够轻易牢记主角的特征。

另外，现在形容包公丑陋的话本、小说都是从明朝开始的，很可能是因为明朝人普遍相信"奇人异相"。传说开创明朝的明太祖朱元璋面容就很怪异，明朝官方记载也并不隐讳这一点。《明太祖实录》记载朱元璋去红巾军军营投军，因为面容怪异，被守门士兵当作了间谍，要将他处死。幸好红巾军主帅郭子兴赶来，看见朱元璋"状貌奇伟异常"，再与之交谈，觉得朱元璋很有想法，接受朱元璋入伍，并当作自己随身的亲兵。后来官方明史著作都沿袭这个说法。《明史·太祖本纪》："子兴奇其状貌，留为亲兵。"《明史纪事本末》："子兴奇其状貌，与语，大悦之，取为亲兵。"

世传的朱元璋画像　　　明孝陵的朱元璋画像

　　从戏曲中这个包公出世的故事，我们可以知道，民间传说总有一定的法律文化的因素在里面，一个传说的形成不是随随便便的，一个法官形象的深入人心，也是有它的法律文化因素的。

14

狸猫换太子之二
——不知亲母的皇帝

　　《狸猫换太子》是京剧以及各种地方戏里出演最为频繁的包公戏，虽然包公在这一剧目中还没有登场，却为下一剧目《打龙袍》（或称《断太后》《赵州桥》《天齐庙》等）故事作了充足的铺垫。

戏说宫廷秘史

　　这个剧目讲的是一段北宋宫廷秘史。剧情大致是这样的：

　　剧目一开始，介绍时代背景，说是契丹的突利可汗带兵入侵，要夺取宋朝江山。玉皇大帝觉得宋朝需要变得更强大，为了帮助宋朝维持江山，特意派了紫微星（就是北极星，历史上一直作为帝星）下凡，"命你下凡，继承真宗之后，下界去吧"。这就是后来的宋仁宗。

八月中秋节，宋朝皇帝宋真宗接受群臣贺节，宰相寇准作诗一首："春风得意花千里，秋月阳晖桂一枝。天降紫微接宋后，一对行龙并雌雄。"宋真宗两个妃子都怀孕在身，因此是"一对行龙"。宋真宗一高兴，就宣布两个妃子中谁先产下皇子，谁就是皇后，后产的就是贵妃。并将寇准的诗写在黄帕之上赠送给两个妃子。

宋真宗在后宫"拜月"时，李妃阵痛发作，赶紧回宫去生产。刘妃自称前去帮忙，宋真宗分明知道这两人有互相对立的利害关系，居然还很高兴，"这有收生旨意一道，命你去至玉宸宫收生，需要小心一二。"同时宋真宗又派老太监陈琳去御花园，采些蜜桃，给他的弟弟、号为八大王的赵德芳祝寿。

刘妃拿到这个"收生旨"，要自己的心腹太监郭槐找一个自己信得过的接生婆，郭槐建议："现有外邦进来的金丝狸猫，将它剥去皮尾，放在装盒之内，暗暗带进玉宸宫，等李妃产生之后，将狸猫换了太子，就说李妃产生下妖魔鬼怪。万岁知晓，一定将李妃斩首，岂不是好？"于是刘妃赶到玉宸宫，要收生婆预先把剥了皮的狸猫放置在盒内，郭槐带了四十名校尉，把守宫门，不准闲杂人等出入。

李妃临盆，紫微星果然投胎。收生婆收生，狸猫换去太子，拿装了狸猫的盒子给李妃看。李妃见自己生了怪胎，吓得魂飞天外。宋真宗赶来，看了盒子里的狸猫，大怒之下，将李妃打入冷宫。

那边刘妃命令宫女寇珠将这个刚出生的婴儿抛入御河。寇珠抱了装有新生儿的龙盒，下不了狠心，正好遇见被皇帝命令去给皇帝的弟弟八大王赵德芳送"御桃"的大太监陈琳，两人合计，将新生儿放在桃盒里混出后宫。陈琳将新生皇子送到了八大王府上，说明缘由，于是八大王赵德芳将这个一出生就倒霉的皇子作为自己的儿子抚养。

隔天刘妃也产下一个皇子，宋真宗于是册封刘妃为皇后，所生的皇子为太子。可是几年后，这位太子在宫中耍秋千时出意外摔死了。八大王赵德芳乘机将李妃所生的那个皇子作为自己的儿子过继给宋真宗为太子。

新太子由陈琳陪同游玩后宫，见到了冷宫里的李妃，觉得很可怜，向刘皇后建议饶恕李妃。刘皇后觉得事有蹊跷，要太监郭槐审问当年负责丢弃新生皇子的宫女寇珠，又叫陈琳来对质，命令陈琳拷打寇珠，陈琳为防止暴露，一棍打死了寇珠，来了一个死无对证。刘皇后只好作罢。郭槐建议刘皇后说冷宫有鬼，派人到冷宫放火，烧死李妃。好在天仙下凡救助，李妃骑鹤飞出冷宫。整个剧目到此告一段落。

这个故事出自明代小说《龙图公案》第六十二回"桑林镇"，以及晚清评书艺人石玉昆的小说《三侠五义》第一回"设阴谋临产换太子　奋侠义替死救皇娘"。《龙图公案》里只是将女儿换儿子，到了《三侠五义》才有了"狸猫换太子"。

历史记载中的悲剧

按照正史《宋史》的说法，宋真宗确实有一位姓李的妃子，给他生了一个儿子，初名受益。可是皇后刘氏将其作为自己的儿子与宋真宗的另一位妃子杨淑妃一起抚育这位皇子长大。天禧二年（1018年），这位皇子改名赵祯，被立为皇太子。而后来这位皇太子登基做了皇帝，就是历史上所说的宋仁宗。而他的嫡母、刘皇后成为太后。这位刘太后很有政治野心，1022年宋仁宗当皇帝的时候只有13岁，全凭刘太后临朝听政。刘太后也大权独揽，还曾向文臣打听唐代的武则天皇后是怎样的女皇帝。还想为自己刘氏的列祖列宗设立七庙，显然是要做武则天第二了。

宋仁宗的亲生母亲李氏，妃子的级别从原来的"司寝"晋为"顺容"，可她的儿子当了皇帝，她自己居然一点好处也没有得到，仍然默默无闻地和宋真宗的嫔妃们一起在冷宫里生活。宋仁宗登基10年后，李氏得了重病，刘太后和仁宗下诏将李氏的级别提到"宸妃"，但不久李氏就死了。刘太后打算"以宫人礼"进行丧葬，文臣吕夷简力争，"乃命以一品礼殡于洪福院"。据说吕夷简又安排"大内都知"罗崇勋，"用水银宝棺"——中国古人相信水银可以保护尸身不会坏。1033年刘太后去世后，宋仁宗亲政，亲政的第二年才知道自己是李妃所生，还有人告诉他，李妃"死于非命"，仁宗"号恸累日，下诏自责"。于是追尊李妃为皇太后，重新安葬。据说宋仁宗亲自开棺，见李妃"冠服如皇后，玉色如生"，于是没有反过来追究刘太后的罪责。

我们看到，无论从哪个角度看，宋仁宗的身世真是一个悲剧：原始社会的人至少还是"只知其母，不知有父"，贵为皇帝，居然是"只知其父，不知其母"。所以这个故事实际上无需"狸猫换太子"这样惊险的情节，就足以耸人听闻，让受众感兴趣了。

古代没有宫闱戏

既然这么"有戏"，那么这出戏是一个历史悠久的传统剧目吗？

回答是否定的。

实际上我们今天广大观众看得津津有味的宫闱戏，在古代社会是不可想象的。因为明清两代的法律对于这样表演皇帝后妃故事的戏剧，是严格禁止的。

明代的法典《大明律》，专门有一条"搬做杂剧"："凡乐人搬做杂剧戏文，不许装扮历代帝王后妃、忠臣烈士、先圣先贤神像，违者杖一百。官民之家，容令装扮者与同罪。其神仙道扮及义夫节妇、孝子顺孙、劝人为善者，不在禁限"。

很明显，像这出戏这样，公然上演宋真宗、李妃、刘妃的皇帝后妃恩仇故事，都是被禁止的。同样，宫闱故事也是属于防扩散的，不许百姓知道宫闱之中居然也是阴谋密布、危险重重。

要是认为这样的法律没有办法实施，我们可以看看这条法令，是明成祖朱棣时期公布的"教民榜文"——在民间到处张挂以教化百姓为主要目的的单行法令。

一榜：为禁约事。该刑科署都给事中曹润等奏："乞敕下法司：今后人民娼优装扮杂剧，除依律神仙道扮、义夫节妇、孝子顺孙，劝人为善，及欢乐太平者不禁外，但有亵渎帝王圣贤之词曲、驾头杂剧，非律所该载者，敢有收藏、传诵、印卖，一时拿赴法司究治。"永乐九年（1411年）七月初一日奉圣旨："但这等词曲，出榜后限他五日都要干净，将赴官烧毁了。敢有收藏的，全家杀了。"

从杖一百一下子加重到"全家杀了"，何等干脆！万一哪个演戏的戏子得罪了人，被人一告发，全家都完了。

后来清朝沿袭了明律的这一条，所以实际上在明清两代，宫闱故事是不准编到公开演出的戏曲里去的。尽管小说里有时可以写一点宫闱故事，但是作为古代最大众的艺术形式，把皇帝后宫的事情搬到戏台上让民众嘻笑怒骂，这对于朝廷的威信是多么大的伤害！所以这样的好题目一直要到晚清统治力量分崩离析的时候，才开始被人们搬上舞台。

忠孝节义俱全的主旨

不过宫闱戏的禁忌一旦打开，这出戏的主题就非常切合中国传统礼法的要求。在惊险离奇的情节背后，整个剧目围绕的是忠、孝、节、义的主题。

首要的看点就是"忠"。陈琳为了真命太子甘冒风险，寇珠为了真命太子杀身成仁，都是"忠"的典型。他们两个地位都很卑微，都没有得到正式的命令，主动为主分忧，承担莫大的风险，不惜奉献宝贵的生命，和《搜孤救孤》里的程婴、公孙杵臼的行为如出一辙，明显是一个套路。

"孝"也是这个剧目的主题之一。宋仁宗知其父不知其母的悲剧，激发观众强烈的同情心。同时这位在叔父家长大的太子，对自己的母亲先天有亲近的感觉，体现出"孝"是人类天性的主题，自然也会使观众发生共鸣。

剧目中宰相寇准、宋真宗的弟弟八大王赵德芳以及众多文臣等等都是有节操的正面角色。李妃在这个剧目中也具有"节"的美德，被冤枉后任凭处置，丝毫没有为自己辩护；打入冷宫后也克勤克俭，任劳任怨，继续忠诚于皇室，即使见到了自己的亲生太子，仍旧很本分地对答如流。

陈琳与寇珠彼此互相掩护，义胆相照；八大王赵德芳在陈琳上门后，慨然承诺抚养苦命的太子，这些都是"义"的美德。

忠孝节义观念，在进入到没有了皇帝的民国时代，仍然被认为是中国的传统美德，因此这个剧目中的惊险情节只是一种"打扮"，实际上仍然是一个道德剧。

15

狸猫换太子之三
——打龙袍

《打龙袍》和《断太后》（也叫《赵州桥》《天齐庙》）、《铡郭槐》等剧目一起，是连台本戏《狸猫换太子》的后半段。这个剧目讲的是包公替宋仁宗找到亲母，并使宋仁宗和母亲团圆，惩处恶人的故事。

诡异的情节

故事一开始，是包拯从陈州放粮归来，经过赵州桥，忽然一阵狂风，把他坐的轿子的顶盖吹走了。包拯立即断定本地有重大冤情未能伸张，"想是妖魔魍魉到，定有恶棍与土豪。"包公于是下令进驻本地的天齐庙，叫来本地的地保："这有铜锣一面，命你去到庙前庙后，庙左庙右，高声喝叫喧（宣）说：老夫在此宿堂，有冤枉者前来伸诉！"

当年从着火的冷宫里逃得性命的李妃，听说包拯到此，出来喊冤："破瓦寒窑，有一瞎婆，有二十载的含冤！"地方官将李妃带进天齐庙，要她向包拯下跪行礼，而李妃说一定是真包公她才愿意下跪，"你若真包，我就伸诉；你若假包，说也枉然！"她要包公给她摸一摸脑袋，她就知道是真是假。

原来包公的脑袋后面有一块肉疙瘩，当年包公考中状元，一般的状元冠戴不上去，皇帝特意传旨后宫按照包拯头型裁剪特制，恰好是冷宫里的李妃裁剪制作了这顶状元冠，所以知道包拯的这个特征。包拯自己走下公案，给李妃摸了脑袋，李妃才开始诉说自己的冤屈。

李妃提交了最重要的证据：当年寇准题写诗句的黄绢。于是包公带了李妃回到京城。正好宋仁宗为包拯陈州放粮庆功，宣布放花灯。包公布置灯官在给宋仁宗报花灯名的时候，特意将"吕布戏貂婵""天雷打死张继保"也列进去。宋仁宗不高兴了："将扮灯人拿下！"包公故意装糊涂，问个究竟，宋仁宗："这样不忠不孝之灯，要它何用？"包拯跟进："若论不孝，就是万岁！"

宋仁宗大怒，甩手回宫。要宰相王延龄把包拯抓来，审问包拯："为何午门藐视君？"包公这才将遇见李妃——现在要尊称国太了——的事情述说了一遍。请求传景阳宫老太监陈琳为证。陈琳到来，将当年事情一讲，说如果是真太后，应有黄绫诗帕。

包拯这时已经被刀斧手架到午门准备问斩，宋仁宗把他赦免回来，包拯这才出示了"黄绫诗帕"，上面题写的果然是"春风得意花千里，秋月阳晖桂一枝。天降紫微接宋后，一对行龙并雌雄"。

宋仁宗赶紧赦免包拯，派人去抓刘妃，而刘妃已听见风声，悬梁自尽。郭槐被捕后照样嘴硬："三朝元老，斩我不得！"宋仁宗急了："将他碎尸万段！"郭槐还说："这倒干脆！"

李妃立刻升格为李太后，现在要称呼"国太"了，坐了龙车凤辇进皇城。包公建议宋仁宗在宫前"设摆香案，哀求上苍"，祈祷国太眼睛复明，果然应验，国太的眼睛也好了。宋仁宗上前行礼："儿臣见驾，愿母后千岁！"国太开骂："我把你这无道的昏君！"她责怪宋仁宗一开始不相信包拯，"我越思越想心头恨，不由得哀家动无名。内侍看过紫金棍"，叫包拯，"替哀家拷打无道君！"

包拯于是请宋仁宗赶紧脱下龙袍，"俺包拯打龙袍犹如臣打君"。这下李后高兴了："好一个聪明小包拯，打龙袍如同臣打君。"于是国太封包拯为太子太保："内侍看过金铛翅，再赐你尚方剑一根。三宫六院你管定，满朝文武任你行。倘若是皇儿不从命，画影图形也要充军。"

这个剧目的故事来源于《龙图公案》第六十二回"桑林镇"，以及晚清评书艺人石玉昆的小说《三侠五义》第十五回"斩庞昱初试龙头铡 遇国母晚宿天齐庙"至第十九回"巧取供单郭槐受戮 明颁诏旨李后还宫"。不过小说里包公破案的故事，在这个剧目里全部被删除。而李妃位列国太作威作福，要包公打宋仁宗的情节，则完全是戏曲所增加的，《龙图公案》和《三侠五义》并没有这样的插曲。

太后能否打皇帝？

《打龙袍》里最值得注意的是，被从破庙救出来的瞎老太婆，一旦确认了国太的身份，立即权高盖世，作威作福，连皇帝儿子也是要被任打任骂的对象。难道太后真的可以下令打皇帝？还可以将皇帝儿子判充军？

这样的情节，显然不符合中国古代的礼教与法律。中国古代礼法，强调的是皇帝的至高无上的权威，皇帝的母亲即便是像武则天、刘太后那样垂帘听政，仍然要以皇帝的名义来发布命令。皇帝成年（一般是满20周岁）后"亲政"，太后就要退居幕后，不能再行使政治权力。

唐朝的法典《唐律疏议》明文规定，在法律里提到专指皇帝的"乘舆""车驾""御"字样的，"太皇太后、皇太后、皇后并同"。比如"盗乘舆服御物"的罪名，规定罪犯要判处流二千五百里。法律解释说明："若盗太皇太后、皇太后、皇后服御物者，得罪并同。"但是皇帝下达的命令称为"制""敕"，太皇太后、皇太后、皇后、皇太子下达的命令只能称"令"，效力低于"制""敕"。法律规定皇帝下达的"制书"，有关方面有违反的，要判处徒刑二年；如果是违反太皇太后、皇太后、皇后、皇太子"令"的，就可以减一等处罚（判处徒刑一年半）。伪造皇帝印章的，要判处"斩"，而伪造太皇太后、皇太后、皇后、皇太子印章的减一等处罚（绞）。可见，立法者非常注意突出皇帝的权威。

当然，历史上有过一些皇太后专政的局面，尤其是晚清慈禧太后长期专政，给民间留下了深刻印象，但是就传统礼法来说，这不是正常现象。太后对皇帝的权威来自于皇帝年幼时候的监护，以及垂帘听政的惯例，延续到皇帝亲政时期。像这个剧目所宣扬的，好不容易从民间寻找到的生母，一临朝立刻当着群臣的面要处罚皇帝，是绝不可能发生的现象。

包拯打龙袍有无罪过？

中国古代一直有以衣代人的习惯，最著名的故事，是《战国策》里豫让的故事。豫让原来是晋国贵族智伯的家臣，后来韩、魏、赵三家分晋，灭了智氏。赵国的赵襄子最怨智伯，把智伯的头颅当作酒杯。豫让已经逃到山里，听说自己主人死后受如此侮辱，改了姓名，情愿受刑，在宫殿里打扫厕所，企图暗杀赵襄子。赵襄子有一次如厕，突然觉得心惊，叫人把管厕所的人抓起来，一审问，就是豫让，还搜出了随身带的凶器。豫让也坦承："我欲为智伯报仇。"赵襄子说："这是个义士，我只有躲避他吧。且智伯已死，没有后代，而其家臣来代为报仇，此天下之贤人也。"把他放了。豫让又"易容变音"，改变容貌、弄坏了嗓子，再次来到赵国，躲在赵襄子要经过的桥下，打算行刺。赵襄子至桥而马惊，赵襄子说："这肯定又是豫让了。"派人搜捕，果然抓住豫让。豫让表示愿意就死，只是希望能够击打赵襄子的衣服，以遂复仇心愿。于是赵襄子"义之"，派了人把自己的衣服给豫让。豫让拔剑三跃，呼天击之："而可以报智伯矣。"伏剑而死。

这个以衣代人的故事太有名，打龙袍这个故事就有它的影子，而在原来的小说《龙图公案》《三侠五义》中并没有这个情节。因为明清朝小说的作者都知道，击打皇帝的衣服也是犯下重罪。在中国古代，殴打皇帝是谋反，要处以极刑；而击打毁坏皇帝的衣服，同样也是属于重罪。

比如唐代法律《唐律疏议》规定，凡是毁坏、丢弃皇帝御用物品都是作为"十恶"中的"大不敬"罪名，要判处流放二千五百里。后来明清时代的法律没有这般严厉，毁坏、丢弃皇帝御用物品的，单列为一项罪名，不再属于"十恶"里的"大不敬"，仍然要处以杖一百徒三年，仍算是一项重罪。

这条法律实际上就是针对豫让和赵襄子的历史故事而来的。统治者身穿的衣服、使用的器具是具有象征意义的，赵襄子让豫让破坏他的衣服来泄愤，是要成全豫让的名声。可是在后代统治者看来，成全了刺客的名声，就是败坏了统治者的权威，为了防微杜渐，使得老百姓想都不敢想要损害统治者权威的念头，就需要特意立法严禁。

因此在明清时期的小说里，一般不会写这样公然违法的情节。只有到了民国初年，传统法律的禁忌没有那样严厉了，才会把豫让和赵襄子的故事转版过来套用到包公和宋仁宗身上。

被删除的破案情节

在原来的小说里，主要是讲包公智破这个大案的故事。

《龙图公案》第六十二回"桑林镇"里，在包公找到了仁宗生母后，仁宗要包公拷问郭槐，可是郭槐"苦不肯招"。包公先是叫手下的董超、薛霸假扮刘太后的使者去看望郭槐，诱骗郭槐："刘娘娘传旨着你不要招认，事得脱后，自有重报。"郭槐不知是计，还大包大揽地许愿："你二牌军善施方便，待回官见刘娘娘说你二人之功，亦有重用。"董超、薛霸立刻翻脸，使用重刑拷打，郭槐只得招供。

可是当宋仁宗亲自审问郭槐时，郭槐再次翻供："臣受苦难禁，只得胡乱招承，岂有此事。"宋仁宗无法处断案件。于是包公将郭槐押到张家园吊打审问，郭槐被打得昏死过去，到了半夜三更，"忽然天昏地黑，星月无光，一阵狂风过处"，郭槐醒过来，"见两边排下鬼兵，上面坐的是阎罗天子"。只听阎王在问判官，郭槐的阳寿到期了没有？判官回答："郭大使尚有六年旺气。"郭槐一听，赶紧向阎王求情。阎王说道："你将刘娘娘当初事情说得明白，我便饶你罪过。"郭槐这才将当年如何陷害李妃的事情一一讲出来。"左右录写得明白"，这时那阎王一甩手，喝道："奸贼！今日还赖得过么？朕是真天子，非阎王也，判官乃包卿也。"郭槐吓得哑口无言，低着头只请快死而已。

《三侠五义》第十九回"巧取供单郭槐受戮　明颁诏旨李后还宫"基本沿用了这个套路，只是稍微复杂一点。包公先是用重刑将郭槐反复拷打，又派人以刘太后名义到牢房里慰问郭槐，将郭槐灌醉。又要一个妓女化装成寇珠的鬼魂去向郭槐索命，拉拉扯扯带到布置成阴曹地府的审讯室，包公自己装扮阎王，王朝、马汉等化装成牛头马面、众多小鬼。假扮阎王的包公喝令："郭槐，你与刘后所作之事，册籍业已注明，理应堕入轮回；奈你阳寿未终，必当回生阳世。惟有寇珠冤魂，地府不便收此游荡女鬼。你须将当初之事诉说明白，她便从此超生。事已如此，不可隐瞒了。"郭槐信以为真，连忙朝上叩头，便将当初刘后图谋正宫，用剥皮狸猫抵换太子，陷害了李妃的情由，述说一遍。"忽见灯光明亮，上面坐着的正是包公，两旁衙役罗列，真不亚如森罗殿一般。"郭槐后悔莫及，口供已经记录在案，包公就此破了这个奇案。

可是在戏曲里根本就找不到这个精彩的情节。显然戏曲的创作者意图表现的主题并不是破案故事，而是将这个剧目作为披着惊险情节外衣的伦理剧，宣教家长权威重于一切。

"孝重于忠"的时代背景

在《打龙袍》这个剧目里，突出的是李后一旦恢复了身份，对儿子皇帝作威作福的情节，尤其是用太后要包公打皇帝——被包公折换为打龙袍的情节来突出一个重点：那就是母亲的权威至高无上，在父亲去世的情况下，哪怕是皇帝，仍然要对母亲俯首帖耳地服从。

这实际上具有鲜明的时代特色：一方面是清末慈禧太后长期当权给社会带来的影响；另一方面，到了民国时代，皇帝已经消失了，但家长权力犹在。历代法律都明文规定"称家长者，父母同"。父亲在的时候，相对于子女以及其他家庭成员（亲属以及奴仆），母亲和父亲并列为家长；父亲去世后，母亲单独掌握家长的权力，对于子女有管教控制之权。民间很自然地将普通家庭的这一传统制度投射到过去的皇帝家庭上去，很自然地认为太后可以对皇帝想打就打想骂就骂，皇帝只能俯首帖耳地听从太后的一切指令。这样虽然不符合古代的法律，不过恰恰可以吸引广大观众尤其是女性观众的眼球。

16

秦香莲

知名度最高的剧目

要问到现代普通民众最熟悉的古代戏曲人物的话，秦香莲、陈世美这对夫妻冤家，以及裁判案件的包公（包拯），肯定是"知名度"最高的角色了。事实上，绝大多数观众是根据这出戏曲故事形成对于古代法官与法律的印象的。

讲这个故事的剧目就是《秦香莲》，也叫《铡美案》，是当代传统戏曲中最为流行的剧目之一。除了京剧，汉剧、徽剧、楚剧、滇剧、豫剧、评剧、同州梆子、秦腔、晋剧、河北梆子、淮调、湘剧均有此剧目，粤剧有《琵琶词》，弋腔有《琵琶宴》，川剧有《陈世美不认前妻》。

所有的剧种里，故事情节大同小异，都是说陈世美为考取功名，于乡间日夜苦读，得到爱妻秦香莲悉心照料。两人有一子一女，一家生活和睦。后来陈世美赴京应试，高中状元后被太后招为驸马。秦香莲多年无丈夫音信，带了一对子女上京访求。陈世美无情拒绝认妻，并为免除后患，派出家将韩琪追杀秦香莲母子。韩琪宁愿自刎，不愿滥杀无辜。秦香莲到开封府告状，包公被秦香莲感动，毅然将陈世美判刑处死。

这个剧目高潮不断，很能吸引观众，但是如果从法律史的角度来观察，这个剧目基本情节方面却是漏洞百出。

陈世美的"原罪"

陈世美的罪状按照秦香莲的状词是这样："（状）上写着秦香莲三十二岁，状告当朝驸马郎。他欺君王瞒皇上，悔婚男儿招东床；他杀妻灭嗣良心丧，他逼死韩琪在庙堂。将状纸押至在爷的大堂上。"

陈世美的"原罪"是抛妻再娶，犯下重婚罪。可是这个罪名实际上在古代的法律中只是个很轻的罪名。按照故事发生的时代宋朝的法律，"诸有妻更娶妻者，徒一年"；"若欺妄而娶者，徒一年半；女家不坐。各离之"（男方谎称自己没有结婚、欺骗女方成婚的，男方判处一年半徒刑，女方无罪。无论何种情况的重婚，后婚都必须离异）。而在这个故事流行的明清时候，法律规定，"若有妻更娶妻者"，判处"杖九十"的刑罚，后娶的妻子离婚归家。

可见，像陈世美这样已经有了妻室、另外再娶妻的，法律的原则是保护前婚的合法性与稳定性，否认后婚的合法性，后婚要强制离婚。在宋代，男方应该处以徒刑一年，如果重婚是因为男方故意"欺妄"的，那么要加重处罚，判处徒刑一年半。在明清时代，男方只是处杖九十（打90下屁股）的刑罚，女方如果知情的，同样受罚。撤销后婚，女方回到娘家居住。

因此真有这样的事情，陈世美不过是个徒罪、杖罪。另外，按照古代的法律，官僚士大夫还享有种种的特权。在故事发生的宋代，陈世美可以通过"官当"——拿自己的官品去抵销掉这个徒罪；在明清时期，士大夫官僚又具有不受体罚的特权，这叫做"例难的决"（习惯上难以按照判决执行），只需要出钱赎罪就可以了。杖罪只要出个几两银子就行。

"欺君之罪"

不过如果陈世美真的是被招为驸马的，那么是向太后、皇帝隐瞒了自己已有妻室的事实，那就同时触犯了"欺君之罪"，这个罪名要严重一点。但是这"欺君之罪"，却也并非重罪。

在唐宋的法律里，这是向皇帝报告时"诈不以实"，要判两年徒刑；在明代法律里，这项罪名更为严重，"凡对制及奏事上书诈不以实者，杖一百徒三年"。显然，徒刑三年附加杖一百的体罚，还是够不上一个死罪。

陈世美实际上并没有什么严重的罪名可套，这是剧作者要将戏剧推向高潮的很大的障碍，所以剧作者需要将陈世美进一步"抹黑"，要弄一个更大的罪名。

遣人谋杀的罪名问题

剧作者为破除障碍而设计的情节，就是陈世美派遣自己的家将韩琪去杀害秦香莲母子。只是非常遗憾，实际上这个情节在当时的社会环境里也是不合理的。

按照故事发生时的宋代法律，买凶杀人的，按照谋杀罪处罚，只要起意并派遣了，就要判徒三年；导致受害人受伤的，主谋者要判处绞刑；受害人死亡的，要判处斩首。可是，首先在这个故事里，预定的受害人是陈世美的原配妻子。而唐宋法律里，丈夫殴伤妻子，"减凡人二等"；打死的，"以凡人论"（和普通人一样处理）。虽然没有明确规定丈夫谋杀妻子的罪名，但基本原则很清楚，肯定比一般的谋杀罪要减轻处罚。其次，韩琪接受派遣后，被秦香莲的哭诉打动，自行了断，并没有使秦香莲母子二人身体受到任何的伤害。那么陈世美起意派遣杀人的罪名，最高也只是徒刑三年。在明清法律里，也是如此。指使杀人和谋杀罪同样处置，没有死亡后果的没有死罪。

至于陈世美逼迫韩琪自杀，在明清法律里只能套一个

"威逼人致死"的罪名。按照明清条例，"凡因事威逼人致死一家二命，及非一家但至三命以上者，发近边充军，若一家三命以上，发边远充军。仍依律各追给埋葬银两。"威逼导致受害人一家有两人，或者威逼致人自杀的死者达到三人以上的，威逼者也不过是一个充军的罪名，仍然没有死罪。

就情节本身的设计来说，也存在很大的漏洞，法官包公对于韩琪自杀缘由的判断，完全来自于秦香莲的证词，以及那把自杀的刀，可是那把自杀的刀，只能证明这是陈世美府上的刀从而证明韩琪是陈府的人，完全没有办法证明韩琪是受陈世美的威逼才自杀的。假如秦香莲是在说谎栽赃呢？

陈世美身份的特权问题

为了达到剧作者心目中"伸张正义"的目的，还有一个需要克服的障碍，也是戏剧精心构筑的一个高潮：陈世美的特权身份。

按照唐宋时期的法律，陈世美这样的驸马身份，已经达到了享受"八议"特权的地步。作为皇帝的女婿或姐妹夫，是皇帝姻亲，是属于缌麻亲属，享受八议里的"议亲"，"诸八议者，犯死罪，皆条所坐及应议之状，先奏请议，议定奏裁"。犯有死罪的，必须要向皇帝报告，由皇帝下旨，会集朝廷最重要的大臣，进行慎重讨论，拿出裁决的方案，再向皇帝回报，由皇帝最后决定。如果触犯的是流罪以下的罪名，就直接减一等处罚。

明清时的法律设定的保护更为严格，"凡八议者犯罪，（开具所犯事情）实封奏闻取旨，不许擅自勾问。若奉旨推问者，开具所犯（罪名）及应议之状，先奏请议。议定（将议过缘由）奏闻，取自上裁。"享受八议者，任何罪名的案件都必须上报给皇帝，由皇帝决定是否需要交付司法部门处理。如果皇帝下旨交付司法部门的，司法部门审理后要将卷宗全部上奏皇帝，请皇帝交付朝廷大臣讨论裁断方案，再上报皇帝最终决定。

在《秦香莲》戏剧里，这个过程完全没有，只有秦香莲到开封府告状，包公自己的判断，即使是太后赶来，包公还是在秦香莲的鼓励下直接宣布自己的判决。

没有事实依据的定案

《秦香莲》剧目另一个无视古代法律的地方，表现在剧中有关包公审案、断案的过程，完全不符合古代法律规定的程序。

中国古代法律规定，任何判决必须要确定事实，事实的证明应该是物证、人证，民间俗谚所谓"杀人见伤、捉贼见赃、捉奸捉双"。至于认定事实最重要的是，必须有被告承认罪状的口供。

可是在《秦香莲》现代演出本里，陈世美根本就没有承认过罪状。在开封府大堂上，陈世美觉得情况不妙，"三十六计走为高，不辞明公忙搭轿"，一没有招供、二没有认罪，可是包公已下令"头上打去乌纱帽""身上再脱他蟒龙袍""来人捆绑陈世美，铡了这负义的人再奏当朝"。要是没有国太前来阻挡，陈世美就已经被包公的铡刀"喀嚓"了。

而且在前面一段台词里，包公完全是看面相来认定本案的事实所在："包龙图打坐在开封府，尊一声驸马爷细听端的：曾记得端午日朝贺天子，在朝房与驸马相过了面皮。我相你左眉长来右眉短，左膀高来你的右膀低。眉长眉短有儿女，膀高膀低你定有前妻。我劝你相认是正理，祸到临头后悔迟。"

这一段实际上来源于原有京剧《秦香莲》的连台本戏一段折子戏《柳林池》："明公与千岁相过面皮。他相他左眉长来右眉短，左膀高来右膀低。眉长眉短有儿女，膀高膀低有前妻。千岁言说家无有，他二人打赌一百日。百日有人找京里，千岁铜铡输首级；百日无人来京里，包明公输去大印息。"因此包公铡陈世美，不是因为审判定案，而是因为他们之前的生死赌局，这样的情节从某种意义上来说，倒还比现在的演出本具有一些合理性。

"停妻再娶"的原判

从现在可以看见的文字资料来看，秦香莲故事最早形成文字及完整故事的，是源于明代小说《百家公案》。

这部小说的第二十四回"判停妻再娶充军"，就是陈世美故事里那陈世美的停妻再娶"原罪"的来由。只是小说的主人公不叫陈世美，而是叫崔君瑞。崔君瑞在金华县知县任满后回京途中，遭遇强盗抢劫，身无分文，只好把妻子郑月娘寄托于东京万花桥王婆店。后来崔君瑞不思发妻，和尚书苏舜臣的女儿苏小姐成婚。六个月后，苏家奴仆王汴在王婆店巧遇月娘，带回苏府。崔君瑞不仅不认前妻，还说前妻郑月娘是家里逃走的婢女，要解送萧山县。他还嘱托王汴，在途中暗害郑月娘。而王汴又受苏小姐嘱咐，放走了郑月娘回乡。郑月娘在广平驿站向过往的官员申诉，巧遇兄长郑廷玉。于是兄妹一起到包公处告状。

小说描写包公一见崔君瑞，"喝令赵虎把君瑞捆打四十，用长枷枷起"。崔君瑞连声讨饶。于是包公怒骂："匹夫无知，枉为司牧！能断他人，全不思自己，玷辱朝廷，贻耻官帽。贪污苟且，是何道理？且停妻再娶，罪该充军。"崔君瑞"低首无对"，老实认罪。于是包公"申奏朝廷，拟崔君瑞通州充军"。当天又将崔君瑞拷打一番，给郑月娘出气。但接下来的判决却是："郑月娘、苏乔英仍与君瑞相配。"至于崔君瑞派遣家人谋害郑月娘的罪行，就完全不予追究了。

和《秦香莲》相比，这个判决比较符合明朝的法律。"充军"在明朝原来是一种对服刑后罪犯的加重处理——让罪犯当兵应付差使，后来逐渐当作刑罚措施。充军通州，是属于"附近充军"，处罚力度并不算大。可是判决两个婚姻关系全部保留，就完全不合乎法律保护前婚、废除后婚的规定了。这样糊涂的判决，作者依然歌颂说："自包公判君瑞之后，哪个敢停妻再娶？"

"杀妻灭子"的原判

在《百家公案》的第二十六回"秦氏还魂配世美"，突出的则是"杀妻灭子"。

小说故事说的是，钧州秀才陈世美，娶妻秦氏，生子名瑛哥，生女名东妹。后来陈世美"一举登科，状元及第"，成为"翰林修撰"，"久贪爵禄，不念妻子"。秦氏携子女赴京，以弹唱身份潜入陈府，被陈世美棒打一番，赶出府门。秦氏无奈，只好回乡。陈世美又派了"骠骑将军赵伯纯"赶到白虎山下，杀死秦氏，子女走散。好在"中元三官菩萨"为秦氏的"贞烈"而感动，要白虎山土地判官看管秦氏尸首，不可损坏。又搭救了瑛哥、东妹一对兄妹，教他们武艺。后来因为出现"海贼"，朝廷出榜招纳武士，瑛哥、东妹拜辞师父，去征服"海贼"有功。"圣旨降下，封瑛哥为中军都督，封东妹为右军先锋夫人，封母亲秦氏为镇国老夫人，父陈世美为镇国公。"于是菩萨使秦香莲复活，打算让他们全家团圆。

想不到秦香莲复仇心切，母子三人，一齐到包公衙门里告状。包公审理后向皇帝报告："翰林陈世美，苟贪爵禄，欺君罔上。谋杀秦氏，忘夫妇之纲常；不认儿女，失父子之大伦。"请求处罪。于是皇帝下达圣旨："陈世美逆天盗臣，欺罔圣君，断夫妇之情，灭父子之恩，免死发配充军。"包公根据皇帝旨意，判决陈世美配辽东军，赵伯纯配云南军，按照明代的制度，这两个都算是"边卫"，处罚力度比正式刑罚里仅次于死刑的"流三千里"还要重。至于陈世美和秦氏的婚姻，正如该回目所言"还魂配世美"，这对冤家还是法定的夫妻。小说作者总结说从此"世间岂敢忘恩背义，自包公案卷为证"。

和近代戏曲《秦香莲》相比，小说的原作相当注意到故事结局的合法性。包公的判决是在皇帝的直接指示下做出的。尽管陈世美派出的凶手已经杀死了秦氏，陈世美构成了谋杀发妻的首犯，赵伯纯为从犯，但秦香莲后来复活，没有死亡的后果，因此包公建议的刑罚仍然只是充军，不能上升为死刑。

近代社会的产物

那么完全不符合传统法律原则的秦香莲故事为何会在民间如此流行？这是一个传播学的有趣案例。

在古代"天高皇帝远"的生活环境里，民间百姓熟悉的，也只是集权的、自上而下的政治模式，很自然地只能把改变现状的希望寄托在高高在上的皇帝那里，希望皇帝派手持"尚方宝剑"或"龙虎狗"大铡刀的清官御史前来诛杀贪官污吏。这种民间的愿望，是长久存在于基层的政治理想，当得到杂剧里戏曲形象的支持时，这种愿望也就越发强烈，更推动这类作品的出现。这使得这类故事长久在民间的评话、戏曲里流传。当清末商业城市猛烈发展，新的市民文化促使这些民间的"俗文学"作品迅速占有了广大的市场。

秦香莲的故事形成戏剧已经是到了晚清时代，距今不到一个半世纪。这已经是在传统法制因受到强烈抨击而分崩离析的时代。秦香莲故事首先成文的剧本目前认为是梆子戏《明公断》，梆子戏本身是在清乾隆年间形成的比较完整的板腔体戏曲形式。一百多年前的晚清同光年间，《明公断》由蒲州梆子名旦、河南人杨雨春演红，并开始留下文字剧本。而现在一般各剧种演出的剧本是1953年由中国戏曲研究院编定的。因此在这个剧目最后文本形成时，作者已经不太了解古代法律的一些基本原则和基本的规定，因此大胆将近代西方传入的"法律面前人人平等"观念掺杂到故事之中。甚至于20世纪晚期形成的淮剧《女审》，索性由秦香莲亲自审陈世美，亲自铡死陈世美，来让观众大快人心。这反映的是20世纪的社会观念，因此它是"近代历史剧"，里面讲的故事已经和古代法律及古代社会没有什么关系了，恰恰不能当作了解历史的线索。

17

钓金龟

《钓金龟》是一出传统的包公戏剧目，也叫《孟津河》《张义得宝》。很多剧种如汉剧、徽剧都有这个剧目。而这个剧目影响最大的是京剧剧目，以老旦戏而闻名，至今仍然经常在舞台上演。

婆媳不和埋伏笔

《钓金龟》剧目的故事并不复杂，说的是一个家庭婆媳、叔嫂之间失和所导致的悲剧。

孟津有一户张氏家庭，家长张世华，是个穷读书人，作为私塾教师，曾经教过包拯。张世华英年早逝，也没有考上过什么功名。妻子康氏长期守寡，拉扯两个儿子长大。长子张宣、次子张义。康氏为张宣娶了媳妇王氏，一家平淡度日。

张氏这两兄弟性格完全不同，张宣继承父亲遗志，喜欢读书，张义却只是个打渔郎，是个渔民。后来张宣上京考科举，考中了第八名进士，被朝廷授官祥符县令。张宣到了任所，写了家书，想把全家都接到祥符县来。

张宣没有想到的是，他一离家，平时积累的婆媳不和就爆发了。王氏自从过门，一直和婆婆康氏关系不好。丈夫走后，王氏不愿在家里做家务服侍婆婆，倒是梳妆打扮了到街上串门闲聊。康氏很是看不惯，有一天就要动用婆婆的权力，想教训教训王氏，要王氏跪下认错，用了家法要打王氏。想不到这王氏是个泼辣货色，反而倒过来殴打康氏，还大叫大嚷说是婆婆欺负她。"东邻家，西舍家，你们来看哪，我丈夫刚走，婆婆就打儿媳妇啦！"小弟弟张义打渔回家，见了火冒三丈，要代自己大哥教训教训这个恶嫂。康氏见这样下去不成体统，就劝阻张义，把王氏赶回娘家去居住，换一个耳根清静。

张宣派了差官到家乡送家信，还附上百两纹银作为生活及搬家费用。可是这差官到了孟津，找人问路，打听"张太夫人"家住何处，正好碰到的是被赶回了娘家居住的王氏这位"张少夫人"，王氏索性说张家人都已死绝，只剩下自己一个，糊涂差官也就立马行礼，王氏拿了银子，雇了车子，就上祥符去了。临行还关照地保周伯伯，丈夫来信指令，"如今接我去到任所，同享荣华。从今以后，将他母子冻饿死在寒窑"。

钓得金龟非吉兆

那边张义还是在孟津打渔养母，见自己家附近的下河河段渔产不丰，就越界到孟津的上河河段去钓鱼，结果一钓钓到了个乌龟。康氏平时教训张义，要他不害乌龟。张义于是把这乌龟做了记号放回河中。可二次垂钓，上钩的居然还是这个乌龟。张义打了乌龟两下，这乌龟就拉出黄澄澄的金粒。

张义常听人说"孟津河有一金龟宝贝，拉金、尿银、放锡镴屁"，自然为钓到这个宝贝高兴，可上河的渔民见他越界违反惯例，一起上前责打，张义吃了点亏，又纠集了下河的渔民，两下打起群架来。地保周伯伯见不好收拾，赶紧劝告众渔民不可伤害"二老爷"，这才引出张宣已经做官的喜事。

张义是个粗人，也没有细想，赶紧回家告诉母亲。先说起这金龟宝货，康氏高兴了，"老天爷睁开了三分眼，母子们离却了鬼门关。这才是儿的孝心动天地，从今后享荣华不受贫寒"。接着张义又说听周伯伯说起，张宣已经做了祥符县官的事。康氏将信将疑，要张义去找周伯伯细加盘问。周伯伯这才讲出王氏说张宣来信所言两句"淡话"："要将你母子冻饿死在寒窑！"

张义悲愤交加，回来向母亲诉说。母子商议，先由张义到祥符县打探。

小叔暴毙在异乡

那边王氏到了祥符县，向丈夫谎称"母亲盼得两眼昏花，后来一病身亡。兄弟在孟津河下钓鱼，与人争斗，不幸失足落水，可就淹死啦。他们娘儿俩一死，我也不愿意活着啦，心想跳河一死，又被众乡邻搭救，才得活命"。张宣赶紧做了一场法事，悼念母亲弟弟，满衙门的人都知道，大老爷的母亲和弟弟都已过世。

不料张义一到祥符，向衙役打听哥哥，衙役们还以为是活见鬼。张义到了衙门和哥哥相见，张宣这才知道王氏的狠毒，"有道是：妻子不贤不孝，乃是丈夫之大罪。恨不得用刀将她杀死，方解我的心头之恨。"兄弟商议要张宣休了这个老婆。可是张宣一回内衙，又被王氏灌迷汤："我说老爷，当你走后，因为家中没有度用，因此我就回了娘家了。听说他母子一死，我也没有打听，这是我的不是了。等母亲到了任所，我好好地孝顺孝顺她老人家。有道是：一日夫妻百日恩，百日夫妻似海深。有什么不是你还恕不过我去吗？得啦，我这儿给你跪下啦！"张宣觉得王氏有悔改的意思，也就不再追究。

王氏知道张义是个粗人，容易对付。见了张义，还警告他不得胡说。张义也是大意，拿出金龟宝贝，说自己现在有了吃穿不愁的宝贝，不用再靠哥嫂。王氏见了宝贝，"我想个主意把他害死，一来金龟到了我手，二来也免去后患。我就是这个主意。"王氏和丫鬟秋红商量，以接风名义，在"酒内给他下上断肠散，把他害死。害完了他，赶紧地把尸首搭在北门停放。等老爷回来，就说他不会吃酒，被乡邻人请他吃酒，因酒呛心血而亡"。

糊涂的张宣听说弟弟和人喝酒身亡，居然也没有什么怀疑，也就听凭老婆将张义埋葬在祥符北门。

康氏自张义出门，心神不定，也就出门往祥符县赶来。结果在半路上，夜里见张义鬼魂向她哭诉。到了祥符，果然得知张义暴毙，康氏痛骂了张宣后，打算到城隍庙超度张义。

包公断案

此时恰逢黄河泛滥，包拯前来视察，顺便见见自己的师弟张宣，也到了祥符城隍庙烧香。见了师母，倒头便拜。于是康氏诉说冤屈。包拯带了康氏来到祥符县衙，升堂审案，张宣和他老婆都成了母亲康氏的被告。包拯发出传唤被告的"火签"（红色的竹签），不料火签被风吹走，王朝顺风追赶，火签居然正好掉在了张义墓前。

包拯下令就在张义墓前开棺验尸。可本县仵作已被王氏买通，谎称无伤。包公第二天再验，仵作不敢再隐瞒，"验得此尸乃是酒内用了断肠散，肝肠寸断而死。"包公将王氏押上来，动用拶指（用绳索抽紧5根硬木棍夹被告的手指）刑讯，王氏被迫无奈，承认"只因我在家的时候，与我兄弟不和，屡次打骂于我，因此为仇。今番他来到任所，我又见他有金龟一个，乃是无价之宝，因此将他害死，只为得此金龟，这就是以往实情。人可是我害的，主意可是丫鬟秋红出的"。秋红也只得认罪。

包拯："太夫人，我有意将张宣治罪，太夫人意下如何？"康氏："启禀大人，自古道：仆作罪，罪不及家主；妻作罪，罪不及丈夫。况我张氏门中只剩下一条根芽，还望大人开恩！"

于是包拯判决："咦！大胆张宣，不能治家，焉能治国？制度留下，免职为民。"又给康氏"五百两纹银，拿回家去好好度日"。将金龟放生回孟津河内。"大胆王氏，谋害小叔，理应凌迟处死；丫鬟秋红，同谋害名，理应破腹挖心。一齐绑至法场，明日施刑。"

不能"治家"就要罢官？

那么在这出戏里，包公将张宣革职究竟有没有法律依据？难道一句"不能治家，焉能治国"就算是理由了吗？中国古代的法律难道真的规定官员的妻子犯下死罪，或者官员未能管教妻子的都要罢官吗？

回答是否定的，不要说是宋朝的法律，在历代的法律里都没有这样的条文。从汉朝开始，杀人罪就不再连坐罪犯的家属，同样，官员的亲属杀人和官员本身没有直接的关系，官员也不会连带受罚。正如康氏所言"自古道：仆作罪，罪不及家主；妻作罪，罪不及丈夫"。因此包公如果是仅仅为了给康氏出口恶气罢了张宣的官，那是不合法的。

难道这出戏的作者真的是没有法律常识吗？倒也不一定，因为实际上按照古代法律张宣还有一个大大的罪名，可以适用。那就是当张宣听王氏说起母亲、弟弟都已去世时，按照古代法律，张宣应该马上"报丁忧"，强制性的丧假，赶紧卷铺盖回家守丧，而不是继续赖在祥符县当县官。按照唐宋时期的法律，"闻父母丧匿不举哀"的，是属于十恶中的"不孝"重罪，要处以流二千五百里。明清法律将这个罪名改为了徒刑，但是仍作为十恶犯罪。罪犯不仅不能享受免于刑罚的特权，更要命的是必须要"除名"，从此开除出官员队伍，再也不能做官。张宣母亲去世这事，全衙门都知道，张宣没有任何表示。虽然母亲实际上没有死，但张宣的行为已经触及了古代官场的伦理底线，于官声大大有碍，所以包公处他个革职，也是有道理的。只是一般真实情况下，上级会强制性地劝告这样的官员自动离职。

叔嫂纠结

下面一个问题比较复杂一点，就是嫂子杀死小叔子，是否罪当凌迟处死？

回答也是否定的。叔嫂关系是重视家庭伦理关系的中国古代法律里很复杂、很伤立法者脑筋的一对关系。从传统伦理上讲，兄为长，弟为幼，哪怕是双胞胎兄弟，也要有这样的长幼之别。嫂子是从属于哥哥的地位的，因此嫂子也居于小叔子之上，应该是可以教训小叔子的。可是嫂子不是"血亲"，与小叔子之间没有血缘关系，只是因为婚姻发生的亲属关系，是姻亲，在古代法律所划分的亲属等级上，要比兄弟的亲等低，唐宋时是第三等的大功亲，明清进一步减为第四等的小功亲。因此嫂子只能算是小叔子"远房"的长亲。

另外为了防止小叔子和嫂子之间过分亲密导致种种家庭矛盾，从很早的时候起，礼教就强调"叔嫂不相问"，所谓"叔嫂授受不亲"。只有在嫂子溺水的情况下，小叔子伸出援手拉嫂子一把，是可以的（《孟子·离娄上》）。而在古代的法律里，也对叔嫂之间的侵害行为加以特别的规定。唐宋法律规定，小叔子殴打嫂子的，或者嫂子殴打小叔子的，都要"加凡人一等"，比一般侵害平常人的罪行要加重一等刑罚。《唐律疏议》里解释说："嫂叔不许通问，所以远别嫌疑。殴兄之妻及殴夫之弟妹者，礼敬顿乖，故'各加凡人一等'。"

可是唐宋法律里并没有对王氏谋杀小叔子这样的行为作出特别的规定。只是规定如果发生嫂子杀伤了丈夫的兄弟姐妹的话，那就构成了"义绝"，必须强制性解除婚姻关系。也就是说，当嫂叔之间发生杀伤行为时，嫂与兄就已经处在法律规定的强制性婚姻解除的状态，嫂与叔双方实际上已经解除了亲属关系，因此罪行本身是应该"同凡论"，就是按照普通人之间的杀伤罪名来处罚。

明清法律进一步修正了唐宋法律的规定。立法者认为，嫂子居于"长"的地位，叔嫂互殴，怎么可以都加重一等处罚？于是改为，嫂子殴打小叔子的，是以长犯幼，可以减轻一等处罚；而小叔子殴打嫂子的，是以幼犯长，要加重一等处罚。唐宋立法的宗旨是要防微杜渐，是要远别嫌疑；而明清立法的宗旨是要确立长幼之别。

至于杀伤行为，明清法律依然没有明确的具体规定，只是规定如果是嫂子殴打小叔子致死的，要处以绞刑。像王氏这样谋杀的，要按照普通人谋杀罪处罚。

因此从法律上来说，王氏谋杀张义，应该最多只是个一般的死罪，处斩首或者绞刑。

那么从王氏的谋害手段来说，是否因为使用毒药害人，就构成了凌迟处死的重罪呢？

答案还是否定的。古代使用阴毒手段谋杀人的行为，法律上有专门的规定，就是纳入十恶大罪里的"不道"——逆反天道的意思。包括杀死一家三口以上的，肢解尸体的，使用巫术害人的，但是不包括毒药害人。

迎合观众的需要

那么这个剧目的编剧都是法盲吗？倒也不是。因为这出戏里已经将王氏的丑恶品行揭露得很彻底，观众到了最后结局的时候，都已经义愤填膺，需要有这样一个大快人心的判决。也就是说王氏在整个戏剧里已经几次犯下死罪，戏剧前面的情节都已经铺垫好了。

王氏前面一次犯死罪是在这之前的殴打婆婆康氏。按照古代法律，媳妇殴打婆婆的，就构成死罪，"皆斩"，要处以斩首。虽然按照古代法律，两个死罪并不加重处罚，可是对于广大观众来说，需要一个这样"解气"的结局。

从钓金龟这个包公戏剧目可以看出，讲推理破案的包公戏，卖座总是不如讲世俗人情的包公戏。因为广大观众尤其是妇女观众是没有耐心看完复杂而专业的破案、适用法律的过程。观众希望看到能够紧贴自己生活又高于自己生活的情节。婆媳、叔嫂矛盾是遍布几乎每一个大家庭的，而作为家长的婆婆应该具有的是最高的权威，哪怕儿子已经做到了县官。这样的情节远比原来的以破案戏为主线的《双钉案》剧目更受欢迎。因此这出戏也就从破案包公戏变成了家庭伦理戏，戏中的主角也就是康氏，一个受尊敬的寡妇家长，戏也就成了老旦戏，而不是花脸戏了。

18

黑驴告状

离奇的无头案

传说包公断过72个无头案，在包公戏剧目里故事最为复杂、情节最为离奇的，可以算是京剧《黑驴告状》，据说就是这72个无头案里的一个。其他的传统戏曲比如高腔、滇剧、汉剧、湘剧、秦腔、徽剧、桂剧等也都有这个剧目。

这出戏原来是连台本戏《琼林宴》的后本（原来尚分"黑驴告状""包公下阴""借尸还阳"几节）。《琼林宴》的前本也叫《打棍出箱》（"问樵""闹府""打棍""出箱"4节），故事情节是连贯的。这个剧目在近代经名角谭鑫培整理，演出较多。后来余叔岩也常演此剧，为其代表剧目之一。而马连良也曾连演《问樵闹府》《打棍出箱》《黑驴告状》这几出，改名为《范仲禹》。因此这出戏是谭派、余派、马派三大京剧流派的共同保留剧目。直到今天，京剧舞台上仍然经常演出这出包公戏。

首先要解释一下什么叫作"琼林宴"。听这名字就知道是一场宴会，不过这可不是普通的宴会，这是皇帝给新科进士们特赐的宴会。据说是由宋太祖赵匡胤开创的惯例，规定通过殿试的进士名单由皇帝亲自宣布，然后就在东京西边皇帝的御苑"琼林苑"赐宴。以后明清时也都按照这个惯例，由皇帝赐宴新科进士，仍然号称"琼林宴"。

《琼林宴》故事的来源比较早，是清初的一个传奇，剧本的作者是谁已经不清楚了。这个故事后来又从戏曲转为评书，晚清说书艺人石玉昆说评书，把这个故事编入了包公评书。后来根据石玉昆说书改编的晚清侠客小说《三侠五义》，第二十四回"受乱棍范状元疯癫　贪多杯屈胡子丧命"，到第二十七回"仙枕示梦古镜还魂　仲禹抢元熊飞祭祖"讲的就是这个故事。小说和京剧故事基本情节完全一致，只是京剧对情节进行了大规模的简化。

一对横遭不测的被害人

这个剧目说的故事有点匪夷所思，情节依照两条线索展开。一条是倒霉状元范仲禹夫妇的悲惨遭遇，另一条是山西商人翟绅的离奇被害。而连接这两条线索的关键道具，则是一头不听使唤的倔强黑驴。

读书人范仲禹带了妻子白桂娥上东京赶考，赶了一头黑驴做脚力，可是半路上没有了盘缠，忍痛卖了黑驴换盘缠。黑驴不愿离开主人，就跑进了山林。范仲禹又与妻子遭遇老虎而失散。自己赶到京师考完试，再回到原路寻找妻子。想不到妻子被当地的恶霸、曾经在朝廷当过宰相、号为太师的葛登云绑架，逼迫为妾。

葛登云假意款待，将范仲禹灌醉，派手下人将范仲禹乱棍打死，扔在一个箱子里，叫手下抬出去扔了。范仲禹已经中了状元，两个报录人找不到新科状元的下落，却在途经葛太师门前时，见抬出一只箱子，很重。二人错认为箱中是财宝，尾随至荒郊上前拦劫。抬箱人扔下箱子逃去，箱中正是被葛登云打死的范仲禹。箱子一开，范仲禹就复活了，但因遭此打击，精神失常。

这边，落入了虎口的范仲禹的妻子白桂娥，坚贞不屈，自己上吊自尽。葛登云说了句"可惜一个美貌的佳人"，要手下买上一口棺木，将她盛敛起来，送至菩提寺内安置。

那边故事里另一条线索的主人公登了场。山西太原的大财主翟绅，因为在东京开了两座绸缎铺，要到东京去结账，顺便到东京玩玩。把生意托付给了弟弟翟缙，自己骑了头驴，就出发上路。来到东京西郊，自己的驴子失蹄，把他摔到地上，驴子跑回家去了。翟绅爬起来，恰好看见范仲禹的那头黑驴来到眼前，顺便骑了就走。路经一个客店，临时打尖吃饭。想不到这个客店的老板李保，原来是个赌徒，穷极无聊，和妻子商议着要劫道谋财。两口子见翟绅的行李，

"甚是沉重，定有黄白之物"，就在酒里下了毒。毒性不够，看看翟绅不断气，这对贼夫妻就拿麻绳勒死了翟绅，还把翟绅挂到树上，"作为是他自己上吊死的"。至于黑驴，"这驴子留在家中，也是要吃的。不如把它也赶出去，倒干净。"

阴差阳错地还魂

巧中巧的是，白桂娥命不该死。寄放棺材的菩提寺里，住持和尚也是个动歪脑筋的。想想太师府的姬妾，"必有金珠首饰"。晚上用斧子劈开了棺材，想捞一把外快，不料白桂娥突然还魂复活，跑了出来。那边被李保杀死的翟绅，正好也还魂跑过这里，两个魂魄跑错了尸身，白桂娥的魂跑到了翟绅的身体里，翟绅的魂则跑到了白桂娥身体里。由此真正是阴差阳错，两个复活的人各自有一个不属于自己的魂魄。

再说那两头驴的故事。翟绅自己的那头不听话的驴，一跑居然跑回了老家。翟绅的弟弟翟缙见了空驴，大惊，赶紧也赶往东京。就在东京西郊，看到了这群人在那里嚷嚷。翟缙见了翟绅，附了白桂娥魂魄的翟绅毫不相认。而附了翟绅魂魄的白桂娥上来和翟缙拉拉扯扯，翟缙躲都躲不开。而清醒过来的范仲禹也来到现场，自己想认的老婆见了他就躲，而山西大汉翟绅要和他再叙衷肠。乱哄哄地闹腾下去，也不是个办法，众乡邻于是簇拥着这几个怪人，前往官府去报案。

另外那头范仲禹卖不掉的黑驴，连见两个主人被害。一气奔往京城，把刚散朝归府的包公拦个正着，包公当然是有神通的，"这黑驴拦住老夫去路，是何缘故？呔，那一黑驴，你若是有什么冤枉，你向老夫将头点上三点。"黑驴果然三点头。包公立即命令王朝、马汉，"随同黑驴前去，看他所到之处，有什么可疑之事，速报我知。"

黑驴引王朝、马汉和那伙来报告官府的一群人撞见。王朝、马汉顺势把一干人等全部带到开封府。

阴曹查对定判决

包拯升堂审案，"听他二人之言，阴阳颠倒。待老夫去到阴曹，查点一番，便知分晓。"于是包公取来"阴阳枕"，入帐平躺。魂魄离身，到了阴间，往"森罗殿"一查，自然真相大白。"小李保图银财谋害翟绅，白桂娥守贞节悬梁自尽，大胆的老太师葛登云。似这等大王法你全然不论，明日里我定要启奏当今。"

包公从阴间回来，再次升堂。判决："翟绅、白桂娥，你二人乃是认错尸身，借尸还魂。我这里用宝镜来照定，一霎时管叫尔魂归己身。"果然镜子一照，翟绅和白桂娥的魂魄各归己身，不再闹腾。

包公又判决："李保图财害翟绅，逼死白氏是葛云登。管叫他一命偿一命，老夫王法不容情。"不过包公也没有擅自作主："老贼葛云登，乃是告老（已经退休）的太师。待老夫明日上朝，参奏一本，请旨定罪。"

荒诞不经故事背后的哲理

从今天人的眼光来看，黑驴替主人鸣冤，包公到阴间查案，使用法术让人借尸还魂、倒换阴阳，都是荒诞不经的。可是在中国传统社会里，这却是能让人信服的故事，民间传说中有很多类似的奇案。

比如清代作家曾七如，在他的《小豆棚》一书里记载了"义猴"的传奇。说潮州府衙大门是个谯楼，号为"揭阳楼"。楼顶屋脊和门柱、门槛都雕刻有猴子图案，外地人到此都觉得很奇怪。

原来过去潮州出过一件奇案：当地有个养猴卖艺的江西人被杀了，那猴子逃到树上躲过毒手。过了几天，当知府出行时，猴子不知从哪儿钻了出来，在轿子前拼命叫喊，指手画脚。知府觉得奇怪，就吩咐跟着猴子走，走了十几里路，到了一处树林里，猴子停在一堆浮土前不走了，又拼命拍打胸膛。知府叫人把土扒开，是那个脑袋被打得稀烂的江西人尸体。

知州验完了尸体，没有破案线索，就叫人把猴子放了，要捕快注意这只猴子。过了一个多月，那猴子在市场上见到了杀害主人的凶手，跳到凶手身上又抓又打，捕快把那凶手抓到衙门，知府一审就定了罪。

更神奇的是，当凶手被处死后，那猴子穿了过去卖艺时穿的小丑服装，在主人坟前如同人一般叩了头，又爬到府衙门大门的揭阳楼顶，长号数声，跳楼自尽。知府下令把它葬在揭阳楼下，并以猴子图像装饰大门，纪念这只"义猴"。

"黑驴告状"和这个"义猴"的故事，都反映了中国古代万物有灵的传统宗教观念，古人相信人与动物的相互感应能力。而把人的伦理道德行为投射到动物身上，就是为了给在人间宣扬伦理道德、灌输教化提供证据：畜生还能做到，人为什么做不到？所以这一类故事尽管属于孔夫子不愿提及的"怪力乱神"，士大夫仍然会热衷于宣扬，作为教化民众的活教材，这样的剧目也就在民间常演不衰。

19

铡判官

《铡判官》，是京剧、豫剧、汉剧等传统戏剧里著名的包公戏剧目，汉剧列为"四大铡"之一。实际上这个剧目和《探阴山》剧目一样，原来是京剧连台本戏《普天同乐》一剧里的几折，抽出来单独成为一个独立剧目。因此《探阴山》《铡判官》的故事是连贯的，是一个案件的几个段落。全剧《普天同乐》到了近代已经很少全本演出，有的剧种则直接将《铡判官》这个名称代替了原来京剧的《普天同乐》。1950年，新成立的共和国文化部认定这个剧目宣扬封建迷信，通令禁演。直到30多年后的80年代才开禁，这个系列剧目才重新回到舞台，得到广大观众的欢迎。

原来的颜查散故事

这个剧目的主人公颜查散，是著名侠客小说《三侠五义》里的主要角色之一。《三侠五义》第三十二回"夜救老仆颜生赴考 晚逢寒士金客扬言"到第三十九回"铡斩君衡书生开罪 石惊赵虎侠客争锋"，整整7个回目，都是讲颜查散前去投亲、赶考所遭遇的一场冤案。而在小说的后半段，颜查散作为朝廷巡按御史，在当年赶考途中结下的义弟、江湖侠客锦毛鼠白玉堂的帮助下，与图谋反叛的奸王襄阳王进行了惊险的斗争。

《三侠五义》颜查散、柳金婵的冤案，由一般的才子佳人爱情故事演化而来。说的是贫穷的当事人颜查散，到祥符县姑母家想寻求帮助，参加科举考试。不料到了祥符才知道，姑母在3年前已经去世，姑父柳洪另娶了冯氏。原来两家议定的颜查散和姑母之女柳金婵的婚事，因为柳金婵后母冯氏不同意，也难以进行。颜查散被姑父、冯氏弄到花园小屋住下，形同软禁。柳金婵听说此事，派了丫鬟绣红联络，想和颜查散见上一面，资助颜查散先去科举考试取了功名。不料冯氏的侄子冯君衡盗得书信，在约会处杀死了丫鬟绣红，嫁祸于颜查散。颜查散不想让柳金婵出丑，当堂承认自己杀人罪行。好在颜查散赶考途中结识了江湖好汉锦毛鼠白玉堂，有这位侠客暗中维护，又有包公明察秋毫，终于给颜查散平反，包公当堂用狗头铡处死了冯君衡，并指令柳洪履践前言，颜查散和柳金婵结婚，大团圆一场。

可是在《铡判官》这个系列戏目里，颜查散作为主人公遭遇的冤案，和《三侠五义》里的故事却是毫无关联。

元宵夜的意外事件

在这个包公戏剧目里，第一折，就是"普天同庆"，或者叫"普天乐"，说的是东京城里歌舞升平，时逢元宵佳节，朝廷下令放灯，皇帝亲自到御街"与民同乐"，百姓纷纷上街欢庆。颜查散和柳金婵这对自幼定亲的表兄妹，和柳金婵的父亲柳自芳及柳夫人，一起到街上观灯。颜查散是在姑母这里攻读，打算来年参加科举考试。柳金婵与颜查散诉说衷肠，"兄妹年幼把姻缘定，青梅竹马到如今。凤钗成双插云鬓，亲赠一支表心情。"于是柳金婵将头上插的凤钗取下一支，给颜查散作为纪念。

颜查散告辞回家而去，柳家一家人在街上却被一阵狂风吹散。这阵突如其来的狂风，将柳金婵吹走，一家人到处寻找不见，柳自芳立刻叫家人："速到祥符县报官，就说老夫的女儿观灯之时在外失踪，请县台速速命人寻找，若是寻到我的女儿，自有重金相谢。"

柳金婵被狂风吹到了开封郊外的喜鹊桥附近。正好有个破落屠夫，名叫李保的走过。李保已经得知柳家到官府告小姐失踪的事情，"刚才柳员外与家人是满市里找您呀"，"我送您回府吧"。柳金婵自然感谢，"若能送我平安回府，我爹爹必然重金相谢"。李保随口套近乎："咱们不是外人。我叫李保，是本城的一个屠夫，跟您们府上可熟知的哪。往后还求您多照应着啊。"

李保将柳金婵拉到喜鹊桥边，变了脸了，"我告诉你，这旷野荒郊四下无人，快把你这头上簪环首饰，身上的锦绣绫罗都交给我。不然的话，可没你的好。"柳金婵高喊救命，李保赶紧掐她脖子，把柳金婵掐昏。李保一想自己把真名实姓告诉了柳金婵，索性一不做二不休，把柳金婵掐死在桥边。

糊涂官速办糊涂案

恰好颜查散连夜出城，也走到这喜鹊桥边，撞见了杀人后想回城的李保，两人撞了一下，李保仓皇而逃。颜查散走到桥头，却恰好被祥符县衙役张千、李万叫住盘问，而柳家的仆人来兴也恰好到此，告诉颜查散柳金婵失踪之事。李万也恰好在这时发现了柳金婵的尸体。两个衙役立功心切，指认颜查散就是凶手。"在喜鹊桥柳小姐尸体旁边，就你一个人，不是你可又是谁哪？"也不听颜查散的申辩、来兴的哀求，李万留下看守尸场，张千一索子将颜查散拖去见官。

祥符县县官到喜鹊桥边验了尸，得出结论柳金婵是被掐死的。提审颜查散："我来问你，黑夜之间你到喜鹊桥做什么去了？""你既然回家路过喜鹊桥，为何在柳金婵的尸旁徘徊不去？"县官叫张千、李万与他当堂对质，"小人们判断，定是颜查散贪财好色，这凤钗就是他行凶的赃证，他就是杀人的凶犯"。县官叫衙役搜身，又从颜查散身上搜到凤钗一只，县官自认为案情大白，"颜查散，赃证成双，你还有何话讲！"立刻动用大刑，"夹棍伺候！"颜查散熬不得疼痛，只好先"画供承招与表妹同行"。县官结案，"张千、李万，速将此文交呈刑部司衙与开封正堂，急待批示。"

说来也巧，因为"包大人上朝议事归期不定"，案件直接上报给了朝廷，刑部也立即下文"正月十五夜，颜查散贪财好色，害死表妹柳金婵，赃证实查核对，口供签画，速将凶犯颜查散处以绞刑"。祥符县官下令"衙役们，吩咐刽子手，将颜查散绑赴刑场"。

那边包公从朝堂回到开封府衙门，开拆祥符县公文，"查正月十五夜，黄门秀才颜查散贪财好色，在喜鹊桥害死表妹柳金婵，本县差人在尸旁拿获凶犯归案，严刑追问，招供认罪。"包公立刻生疑："……书生行凶之后，不速逃去，怎么尸旁拿获？此案恐有隐情。"立刻下令"速命祥符县将颜查散一案提到开封，老夫要重审此案"。而颜查散母亲也来击鼓鸣冤。

可是那边祥符县官雷厉风行，已经将颜查散处死，只好前来拜见包公。包公责问："开封未曾回批卷，你违法度罪怎担？"县官申辩："相爷上朝未回转，刑部公文怎敢延？"包公追问："怎样将颜查散拿获归案？"县官回答是本县差人张千、李万在喜鹊桥，见颜查散站在柳金婵的尸旁，因此断定是颜查散杀人。包公大怒："哦，颜查散站在尸旁，就是凶犯；若是贵县你站在尸旁，难道你也是凶犯不成？"何况如果是图财害命，柳金婵的绫罗、簪环也并未从颜查散身上搜到，"你只凭凤钗为赃证，此案不实。虽有刑部回文，无有开封批示，你目无朝廷法度，难逃草菅人命之罪！"

包公大闹阴曹地府

戏里的包公总是有神通的，于是包公下令将颜查散和柳金婵的尸体放在城隍庙中，严加守护。自己要亲自到阴间去查案。这才进入了这个剧目的高潮部分，包公带了王朝、马汉、张龙、赵虎，进入"阴魂帐"，自己睡到"游仙枕"上，他的魂魄就带了4位随从下到了阴曹地府。

以下的场景就转换到了阴间。柳金婵的冤魂到了阴曹地府，到"森罗五殿"申诉。想不到这五殿值班的判官张洪，就是屠夫李保的舅舅，一看"生死簿上早已注定那柳金婵乃是我的外男李保所害""李保乃是我亲外男，哪有舅父不救亲外男之理？"正好趁着五殿阎君（俗称阎王爷）不在，就把生死簿改写为"颜查散害死表妹柳金婵"。原来写着李保杀死柳金婵的那一页被他撕下来，捻成了"纸掭"来订住簿册卷宗。张洪又叫来"油流鬼"（各殿添加灯油的小鬼），"今有一女鬼柳金婵在阳世间作恶多端，阴司法不宽容，命你将她押在阴桥之下，折磨于她。"

包公也随之来到阴间，也到了五殿求见阎君。阎君一听通报，"那包龙图乃是阳间清廉之官，铁面无私，宋王封他阴阳二官"，赶紧命令众鬼卒，"鼓乐相迎"。包公说是有一案件难判断，前来查询，已经查到女鬼柳金婵在四殿挂号，到五殿来申冤。张洪立刻推说"柳金婵……未曾到过五殿"。

包公开口要"借生死簿一观"，张洪反对："阎君，这生死簿乃是阴司秘卷，岂能与阳间之官去看呢？"阎君却说："无妨，叫他知我阴曹公正无私。"包拯拿过生死簿一看，上面写的是"正月十五夜，颜查散贪财好色害死表妹柳金婵"。可包拯仍有疑问，既然是生死簿上已有了凶犯姓名，为什么柳金婵女鬼要到五殿来申诉？而且鬼魂在五殿也找不到，"恐事有蹊跷"。阎君不乐意了："包大人，五殿法律森严，不必多疑。"

阴阳两个大法官在那里憋气，判官张洪找理由："阎君，想是那柳金婵魂销魄散了。"包公还是不信，一定要找到柳金婵鬼魂："在阳间断多少无头案件，为什么到森罗这样刁难？"阎王也不愿再搭理包公，宣布"闭殿关门"。

包公只好来到阴间的"望乡台"，"望乡台，远可望自己家乡，近可看阴曹全貌"。（这一段独立为《探阴山》剧目，主要有包公的长段唱腔）

那边张洪叫油流鬼把柳金婵的鬼魂藏在阴山背后，以免走漏风声。结果包拯在望乡台上却看见了阴山的山谷内"因何有这一鬼孤单？"油流鬼见包公已识破机关，赶紧叫出柳金婵，"包大人为查你的冤情，亲下阴曹，你、你、你快点出来吧。"柳金婵向包公诉说在五殿遭遇："五殿阎君不在殿前。判爷救他李保外男，他将我押在阴山受磨难。"油流鬼也赶紧揭发："启禀包大人：我家判爷擅改生死簿，乃是小鬼亲眼得见。"

于是包拯派了张龙、赵虎，"速回阳间追拿李保归案"。自己带了王朝、马汉，回转五殿。鸣钟击鼓把阎王爷叫出来，"五殿徇私你理不该。"油流鬼作证，并抢过生死簿，将那个订簿册的纸捻，交与包拯，包拯拆开一读："正月十五日夜，恶人李保贪财好色，害死柳金婵。"阎君满面羞惭，立刻认错，向包公躬身陪不是，"骂声张洪大不该，森罗徇私罪难挨。"立刻下令将颜查散、柳金婵送回阳界，油流鬼升官职就在五殿当判官。并将张洪交给包公处置。

包拯于是下令："拿张洪捉李保再把铡开！"

阳间法官胜阎王

古代中国人普遍相信"善有善报，恶有恶报"的因果报应，阴间总是能够得到清白的地方，能够善恶总算账。因此人们生活中要相信"举头三尺有神明"，这是人们遵守法律、遵循伦理道德的主要的精神支柱。朝廷甚至在每个地方政府机关大堂前树立"戒石"碑铭，上面也刻写着"下民易虐，上天难欺"，借助上天的报应、阴间的惩罚来警告官员不要贪赃枉法、残害良民。

传统文化以及戏剧总是以阴间的报应来警示阳间的人们遵守法制，可是在这个剧目里，竟然阴间也是有徇私枉法的事情，这样一来，阴间的报应不是不可靠了吗？这样的"法制宣传"效果会不会打上折扣呢？

这应该和这个剧目形成的时代背景有关。我们看见，在《三侠五义》这个故事的原型里，并没有阴间判官徇情枉法的情节。阴间判官徇情枉法的这个情节是民间艺人们在清末民初的创作。到了清末民初的时候，随着文化知识的逐渐普及，对于阴间、来世之类的迷信已经开始减弱，而法制改革、法制的近代化进程已经开始，"阳间"的法制、依靠现实力量来维护法制的权威的观念逐渐开始形成。因此包公在这出戏里，作为阳间法制的代表，甚至可以追查并处罚阴间徇情枉法的判官，可以视为近代法制观念崛起的象征。

从《铡判官》这个包公戏里，我们看到了包公形象的进一步升华，原来只是被简单"神化"的包公，被象征法制的包公的"圣化"形象代替，显示出法制观念的进步。"法界"的代表，竟然可以凌驾于阴阳两界之上行使它的权威。所以从这个角度来看，这个剧目非但不是宣扬封建迷信，实际上正是在破除迷信。

20

打銮驾

《打銮驾》是京剧包公戏的一出传统剧目，也是各个地方戏主要的包公戏之一。川剧有《打銮清官》，汉剧有《打金銮》，滇剧、湘剧、秦腔、同州梆子、河北梆子、豫剧都有此剧目。至今还在舞台上频繁演出。

拦道的贵妃

这个剧目说的故事，还是和一贯的包公戏路子相承，由元代杂剧"包龙图陈州粜米"的故事演绎而来。说的是陈州旱荒三载，朝廷为之从国库里动用银两来赈济救灾。朝廷先命令马龙前往陈州。这马龙是西宫宠妃马氏之兄，到了陈州，大肆作弊，克扣皇粮，贪污达万余石之巨。灾民叩阍——到京城来向皇帝直诉申冤。

宋仁宗很恼火，下令把马龙召回，特别下令，指定包拯为放赈钦差大臣，还要包拯查办前任私扣皇粮的事情。一开始包拯极力推辞，不愿从命。继而"十家朝官"交章竭力保荐，都说此事非包拯不办。包拯力辞不得已，乃始奉诏就任。皇帝还要给足包拯的面子，要他"游街三日，前去放粮"。

马妃听说皇帝点派了包拯前去放粮并查案，知道包拯素来铁面无私，如果到了陈州彻底查清，自己的兄弟就难保官位，也害怕自己因此失宠。于是马妃打听到了包拯出京的日子，估计包拯必定要经过御街前行，自己向皇后瞎编了个理由，借了半副皇后的"銮驾"，自己僭越乘上銮驾，仪仗前行，敲敲打打出宫，去给包拯捣乱。"宫娥摆驾御街进，单等南衙小包拯。"

包拯一行，也有自己的仪仗队伍，走在御街上，没走多远，王朝、马汉就报告："銮驾挡道！"包拯赶紧下令："转道！"绕个道再走。他心里也有点嘀咕："只见銮驾御街挡，娘娘为何出宫廷？"真以为是皇后娘娘出了宫廷。

转了一条街，想不到王朝、马汉又报："銮驾挡道！"再转一条街，又是"銮驾挡道"！

包拯觉得不对劲了："三番两次把道挡，倒叫包拯解不明。"他传令队伍转到后街躲避，想不到马妃的銮驾也来了后街，把包拯的队伍堵了个正着。包拯只好叫："住轿！"看到是皇后的銮驾，只好下了轿子，"御街落下一只凤，好一似雀鸟离却山林。""见君不参有罪人。包文正撩袍忙跪定。"

包拯下跪在街旁，对面銮驾队伍里的几个宫女看了包拯的黑脸丑模样就笑。包拯当年考科举就是因为长得丑没有定为状元，早就习惯被人耻笑，"宫娥彩女笑连声。是是是来明白了，笑俺包拯黑脸人。"只好要手下用罗伞，"遮住包拯黑面人。走向前，忙跪定，头不敢抬来眼不敢睁。"

马妃在轿子里故意要包拯通报自己身份，包拯老老实实跪着回答"臣是南衙小包拯"。

马妃故意问道："不在朝中把君奉，来在御街为何情？"包拯只好说明自己被皇帝委派去陈州放粮，推脱不得，由朝廷十位大臣担保，现在就去赴任。"在御街闯了娘娘道，望娘娘开了天地恩。"马妃作威作福地痛斥包拯："听一言来怒气声，闯了御街罪非轻。哀家上殿奏一本，管叫黑头挂午门。"

包拯听了真的吓一跳："听一言来心内惊，苦苦作对为何情？"正在为难的时候，手下的王朝禀告："启禀相爷：她不是正宫主母，乃是西宫马娘娘。在正宫主母台前，讨来半副銮驾，来在御街前，与我爷作对。"包拯确认了两次，确实只是马妃在銮驾里，没有皇后娘娘在，于是下令自己的随从："上打黄罗伞一把，下打彩旗数十根。忙将銮舆一齐打"，把马妃銮驾给打跑了。

马妃的銮驾被包公的随从打碎，"我不免上殿奏他一本。包拯啊包拯，管叫你命丧黄泉！"

包拯那边还在追赶，见马妃进了宫，王朝报告"启禀相爷：马妃上殿奏本去了"。包拯"听说贱妃把本伸，倒叫包拯心内惊。大大的棺木买一口，盛你老爷的死尸灵"。王朝说："老爷是清官，可以上殿奏得本。"包拯还是紧张，索性"歪戴乌纱袍撒带，假装疯魔去见君"。

本剧就在此结束。

銮驾是什么

那么这出戏里包公究竟中了马妃的什么圈套？打了銮驾真的是死罪了吗？这些都涉及古代的法律问题。

首先銮驾就是一个法律问题。"銮驾"实际上是个俗称，按照古代法律制度的规定，"銮驾"只能专指皇帝出行时的"车驾"仪仗队伍。

古代皇帝出行排场非常大，动辄成千上万的护卫和仪仗，号"卤簿"，有严格的等级。从秦汉到两宋，制度基本相似。第一等的是"大驾"，皇帝去祭拜天地之类的大型宗教活动使用的仪仗队伍；第二等的是"法驾"，是朝廷举行朝会之类政治活动时的仪仗队伍；第三等的是"小驾"，使用于皇帝平时的出巡。后来明清的制度略有不同，分为大驾卤簿、法驾卤簿、銮驾卤簿、骑驾卤簿四种。大驾卤簿，用于郊祀祭天；法驾卤簿，用于朝会和太庙祭祖；銮驾卤簿，用于皇城之内的出入；骑驾卤簿，用于行幸——用今天的话就是出外视察。

严格意义上两宋时开始——也就是从包公生活的那个时代开始，太皇太后、皇太后、皇后出行使用的仪仗队伍一般不能叫卤簿，而叫"仪卫"，自然也不能使用"銮驾"这个称呼。只是到了清末民初，这些严格的制度土崩瓦解，民间婚嫁的行列也僭称"銮驾"，那么这个剧目里拿来称呼皇后的仪卫，也就无可厚非了。

那么皇后出行的仪卫真的都是宫女，被老包随从一打就能打跑了吗？

这也是完全离谱的描写。

我们看看宋仁宗时候为皇太后设定的仪卫：其中武装护卫人员，就有669名将士，包括弓箭手、弩手之类全副武装的将士。护车的有162人，其他的侍卫还不在其内。包公真想打这个"銮驾"，哪怕是半副，他的随从还没近身大概就要被乱箭射死。皇后的全副仪仗，包括举旗的、执伞的、持步障的、鼓吹乐器的、抬轿的等等，动用的人数上千。随行的宫女也是坐车的，出头露面的只有男子，最多还有太监。南宋时算是一切从简，皇后出入朝谒宫庙，仪卫人员仍然上百。

所以按照包公官衔，他率领的上百人的仪仗队，要和皇后的"半副銮驾"打群架，也是绝对没有胜算的。

按照清朝的制度，皇后仪驾也是声势浩大。单是持杖、举旗、执扇、打伞、扛各类器具的就有67人，然后就是3个大轿3辆大车。前面有朝廷銮仪卫派出的护卫部队上百人。

闯御街何至于挂黑头

下一个问题是，马妃指控包拯"闯了御街罪非轻"，这罪名真的可以"管叫黑头挂午门"吗？

这个也是误解。

首先也要了解什么是"御街"。"御街"或者"御道"，顾名思义，就是皇帝专用道路。古代京城的大道中央都留有特别的道路，供皇帝的车驾通过，这种中央大道就叫"御道"。所有的官吏百姓，只能在御道两旁的便道上行走，不能随意横跨御道，必须要在有道路交叉场所的专门供人们穿越的"横道"上穿越过去。这是表示皇帝的尊严不容侵犯。

如果在御道上行走，会构成什么罪名呢？按照唐宋时候的法律，在宫殿里，故意走到御道上直行的，要判处一年徒刑；是过失不小心走上去的，减二等，判处杖九十。要是在宫门外的御道上故意直行的，判处笞五十，失误的减二等，判处笞三十。而且法律非常细致地规定，如果在宫殿大门内外"立仗"（站立的岗哨）以外的地方横跨过去的，即便没有横道，"越过者无罪"。

那么按照包公戏形成的明清时期的法律，直行御道要判什么刑罚呢？在明清的法典明清律里有专门的"直行御道"

罪名，凡是午门外御道至御桥，除了侍卫官军、导从车驾出入的有关人员可以在东西两旁的便道上行走外，其余文武百官、军民人等"无故于上直行"，或者是随意走过御桥的，判处杖八十。宫殿内直行御道者，杖一百。守卫的官吏没有严加阻拦的与犯人同罪，因为过失没有觉察到的可以减三等。如果只是一时横跨御道的，不在禁限。也就是说，刑罚比唐宋时稍有减轻。

所以实际上包公"闯了御街罪非轻"，实在是真的"非常轻"，离砍头罪很远。

那么包公不仅是走了御街，还阻挡了皇后车驾仪卫，有没有罪过呢？

当然是罪过，可是仍然不算重罪。按照唐宋时候的法律，冲进皇后车驾引导队伍的，判处一年徒刑；如果是冲撞进仪卫队列的，要徒二年。

而且这一条法律主要针对的是趁皇帝出巡"邀车驾"喊冤的普通百姓。喊冤是可以的，向皇帝直诉也是允许的，只是不准冲进皇帝的仪卫队伍。如果申诉的事情最后追查下来是不实的，就要被判处杖八十；如果申诉的事情是故意隐瞒、增减情节，要被判处徒二年。如果故意采用自残手段来拦车驾喊冤的，即便全是实情的，也要再吃打五十。

那么看一下这个戏剧形成的明清法律，那就大大加重了处罚。明清法律的"冲突仪仗"罪，皇帝车驾一出，所有的军民必须回避，如果是冲突入仪仗的，就要判处绞刑；如果来不及回避跑远的，要道旁俯伏不准抬头。即使是朝廷里的官员，比如包拯这样的，也不能冲突进仪仗队列，非经皇帝传唤，随意进入仪仗队列的，判处杖一百。百姓如果在皇帝车驾队伍外喊冤，仍然是允许的，但是如果胆敢冲入仪仗的，而且讲的事情不实的，也要处绞刑。

所以，这出戏里说要包公"黑头挂午门"，或许依据的是清朝的法律。可是民间的剧作者们所不知道的是，首先，那个绞罪，是"杂犯绞罪"，可以比作徒刑五年来进行"赎刑"，也就是允许拿钱买命。其次，民间想当然地认为百姓冲突入仪仗的要处死刑，那么包公也自然是死罪，可是他们不知道官员冲突仪仗却是没有死罪的，最多只是杖一百，而且一般都折换为行政处罚，罚俸或者降级。

尤其值得注意的是，这些法律规定的都是皇帝的车驾，皇后的车驾根本就没有包括在内。所以，实际上这出包公戏里的这些罪名全都是很虚的，包公根本就不用害怕，根本不需要准备棺材，根本不需要装疯卖傻。

另外，马妃去告御状，这也是不可能的。后宫任何女子都不得擅自离开皇宫，出宫都要经过皇帝亲自批准——否则出宫的妃子给皇帝戴绿帽咋办？连皇后都不能随意出宫，更别说妃子。妃子僭越借用皇后的车驾就更是扯淡了，皇后的仪卫都是由皇宫有关责任机关銮仪卫来操办的，皇后怎么可能借半副给马妃？因此包公可以反诉马妃私自出宫，僭越皇后仪卫，是盗用服御物，应该判处徒刑三年的重罪，高出包公可能触犯的罪名好几等。

很明显的是，《打銮驾》是一出相当晚近才创作并演出的包公戏剧目，创作者实际上已经不熟悉中国古代的法律制度，因此在一些关系到古代法律的细节上是非常不准确的。只不过这出戏的主题是歌颂包公的清正廉明，在今天仍然具有意义，所以才常演常新至今。

21

铡包勉

铁面无私铡亲侄

《铡包勉》是现在很多传统剧种中都有的包公戏剧目。京剧还有1951年由谭富英、裘盛戎改编的剧目，改名《铁面无私清官谱》。

该剧的故事，是说包拯奉旨往陈州放粮，丞相王延龄、太监陈琳与司马赵斌同至长亭饯行。包拯的侄儿包勉也来为包拯送行。包拯自小因丑陋被父亲驱逐，由嫂子吴妙贞哺乳，故与嫂子有母子之情，与包勉有兄弟之亲。送行会上，包勉私下告诉赵斌，自己充当县令受贿十万两银子，已经被革职。赵斌故意当众告诉包拯，包拯打算判处包勉死刑。王延龄、陈琳替包勉求情，赵斌则冷语讥包拯，包拯大怒，当场下令铡死包勉，并令王朝前往合肥下书，告知嫂娘吴妙贞。

一般该剧目后接演《赤桑镇》，包拯铡包勉后，王朝赶到合肥下书。吴妙贞见了书信，非常气愤，赶往赤桑镇驿馆，拦截包拯，大骂包拯负义无情。包拯晓之以理，动之以情，声泪俱下，劝说嫂娘，并许诺给吴妙贞养老送终。吴妙贞深明大义，最后叔嫂和好如初。吴妙贞亲自为包拯把盏，嘱咐包拯为百姓要公而忘私。《赤桑镇》故事也有其他剧种的剧目，比如吉剧有《包公赔情》，故事如出一辙。

和很多包公戏一样，《铡包勉》也是不能够从法律史的角度仔细推敲的。

包勉贪赃十万的罪名

首先，我们来看一下包勉的罪名。剧中包勉这样自我介绍："下官包勉，曾为越州萧山知县。未到一年贪了十万两银子，被人参奏，因此弃官逃走，回到家中。"而在长亭上，他对赵斌是这样介绍他的为官审判之道：

"包勉：'若有打官司的前来，我就在大堂之上放两个竹筒，叫打官司的往里丢！'赵斌：'丢什么？'包勉：'丢银子。'赵斌：'噢！丢银子，那被告丢满了呢？'包勉：'被告就赢了。'赵斌：'原告丢满了呢？'包勉：'原告就赢了。'赵斌：'两家都丢满了呢？'包勉：'这有何难，我在花亭之上备上一桌酒席，将师爷请出，与他们两家说合说合也就是了。'赵斌：'这银子叫他们拿回去？'包勉："这银子就是我的了。'赵斌："这一任知县未满，你赚银多少？'包勉："一任未满我赚银十万。'"

在打官司的时候这样公开受贿，当然只是一种艺术的夸张，在现实生活中不太可能出现。但是接受诉讼当事人钱财并因此而违法裁判，在古代确实是一项重罪。秦汉就有专门的"受赇枉法"的死罪。到了唐代，称之为"受财枉法"，按照受取钱财的数额量刑。唐代法典规定，"一尺杖一百，一匹加一等，十五匹绞。"唐代以绢帛为法定货币之一，凡是计值标准一律以绢帛尺寸来衡量，所以收受贿赂价值满一尺绢帛的，就要打一百下屁股，赃满十五匹绢帛以上，就要处绞死。这是唐代法律中计赃为罪的罪名中处刑最重的罪名之一，仅次于强盗赃（赃满十匹以上处斩首刑）。以后明清时期的法律规定与唐宋时期差不多，受财枉法罪，按照犯罪主体身份分为"有禄人"（月支俸粮一石以上的官吏）、"无禄人"（月支俸粮不满一石的吏员）两大类，前者赃一两以下杖七十，一两至五两杖八十，以上递加，至赃满八十两处绞；后者赃满一百二十两处绞。受财枉法罪不仅是可以判处死罪的重罪，而且古代的法律还规定，凡是触犯此项罪名的官员，都不得利用官员免刑减刑的特权，还要"除名"，不能再担任官职。

因此，从法律上讲，包勉确实是犯下了死罪。十万两银子的受贿数额，足够判他死刑了。只是，这个死刑是古代被视为比较轻的"绞"，罪犯留有一个"全尸"，还算是没有像"身首异处"的那样不能到阴间见祖宗。

包拯能否审判包勉

包勉犯下了死罪，可是包拯能够审判他吗？

首先，在《铡包勉》这出戏里，包拯正是奉皇帝命令前往陈州赈灾放粮，并没有被授予司法审判的权力，怎么可以在送行的长亭上进行审判？甚至还要立刻摆上铡刀来行刑？这样的情节明显缺乏基本的史实依据。

中国古代政治体制的一个基本原则，就是只有皇帝才是全权和全能的统治者，无论立法、行政、司法、监察、军事指挥等诸多权力都汇集到皇帝之手，由他亲自掌握。以下的各级官员都必须按照职务分工，执行皇帝授予的某项职权。和平时期，像《铡包勉》这出戏里的包拯那样，想要审人就审人，想要判刑就判刑的，只有皇帝才有这样的权力。只有在战争时期，拥有战区指挥权的官员，才可以"先斩后奏"直接判处罪犯死刑，但是仍然不允许直接处死像包勉这样有官员身份的人。所以假如在长亭之上，发现包勉这样潜逃漏网的贪赃枉法官员，赵斌最多也只能要求包拯立即向皇帝报告，将包勉逮捕送交司法部门去审理而已。

其次，即使包拯是拥有司法职权、具有案件管辖权的长官，按照中国古代法律的规定，也是绝对不能参与审理包勉的案件。从目前我们能看到的史料来说，至少在唐代，

《狱官令》就已经明文规定审判官员有回避的义务，凡是案件当事人与审判官员之间有五服以内的亲属关系（同高祖五代以内直系或旁系父系血亲），或者是有三代以内的姻亲关系的，都必须要回避。而且，曾经有过师生关系、上下级关系或者是有"仇嫌"（有过怨仇嫌疑）关系的，都必须主动回避。明清律则专有"听讼回避"条文，同样规定，凡官吏与诉讼当事人中有五服内亲属及姻亲的，或是曾有师生、上下级关系，以及"素有仇隙之人"的，也都要回避。有违反者，无论裁判结果，一律处以笞四十（打40下屁股）的刑罚。而如果确实因此有加重或减轻罪名情节的，就要按照"故出入人罪"来进行处理，反坐所出入的罪名。因此可以说在中国古代法律里，已经注意到"大义灭亲"主要是一种道德自律的规范，并不能作为制度设计。

所以，在《铡包勉》所讲述的故事里，包勉是包拯的亲侄子，按照五服关系是属于近亲的"大功亲"，是包拯审案时必须要回避的，他并不能够审判包勉。

小说里的包公与子弟

《铡包勉》的故事编定时间相当晚，晚清说书艺人石玉昆的说书底本《三侠五义》中根本就没有包勉这个人物以及类似的情节。而在第一本完整的包公破案断案故事集《百家公案》的第八十二回"劾儿子为官之虐"，则有一个相近的故事。

这个故事是说包公担任直谏大夫时，他的儿子包秀，才十六岁就被皇帝指令担任扬州天长县知县。三年任满，包秀回乡探望父亲，包公满心高兴，亲自迎接。见儿子的行李有好几担，打开担子、包裹一看，"金宝无数"。包公顿生怀疑，立刻逐一检查核算价值，在包秀三年的俸禄之外，还有一千贯"余钱"。

包公大怒，立刻启奏皇帝，说自己的儿子包秀为天长县知县，任满后检点行李物色，除去俸禄，还余钱一千贯，显然是"贪财虐民"。因此他向朝廷弹劾自己的儿子包秀，并且弹劾自己教子无方。皇帝看了奏章后批示，说包公能够不隐瞒儿子的罪行，"可谓刚直"。按照古代法律，父子之间可以互相隐瞒罪行，如果像包公这样揭发儿子的，就算是儿子有自首情节了，而自首是可以减免罪行的。因此皇帝宣布依旧授予包秀官职，"令其改过自新"。

包公又上奏，说自己担任的就是"直谏之职"，揭发贪官是职责所在。儿子有罪过，就是父亲之罪。我的儿子处以罢官就已经是侥幸了，怎么还可以再给他官职呢？而我自己也应该贬官，不适合再担任直谏大夫，请求给我其他官职以有报答朝廷、弥补过失的机会。皇帝这才如其所奏，将包秀革职，包公转任定州太守。小说在这个故事开头就感叹："家法尤严王法重，忍叫其子虐良民？"

这个故事于史无据。包公确实有一个儿子包缫，曾出任潭州通判，可是还没有能够给包公生育一个孙子就染病身亡。那一年已经五十三岁的包公悲痛不已，请求朝廷转派自己担任靠近家乡地方的官职。朝廷特意先派他管理扬州，接着就派他回到家乡庐州。一年多以后转管理池州、管理江宁府，都离他老家不远。然后再调回京城，管理开封府。当然包公也不至于断子绝孙，他早年曾将自己的一个小妾赶出家门，可这小妾回到娘家后生下一个儿子。包公的儿媳、包繶的妻子崔氏暗中布置，抚养这个孩子。后来在包公妻子的主持下，这个孩子得以"归宗"回到包家，取名包綖。这大概就是有关包公的传奇作品中，说包公自小被嫂子收养这个故事的源头了。

不过这个于史无据的故事基本符合古代法律的一般规定。任何官员都必须由皇帝亲自决定处罚方式，再大的官员对此也只有建议的权力。监察官的职责就是弹劾，向皇帝提出处罚的方式，绝没有直接处置的权力，即便像包秀那样是监察官自己的儿子。

丛林时代的产物

像《铡包勉》这样明显与古代法律不合的剧目，说明剧目的创作时间并不久远，作者以及观众已经不太了解古代的法律以及司法制度究竟是怎么运转的。

事实也确实是这样，现在还在演出的包公剧目大多是在清代末年才开始流行起来的，大多从民间口头创作的梆子戏系统发展而来。故事的底本一般也取材自民间口头创作、口口流行的传奇，很少能够在历史书籍、演义小说中找到记载。比如包勉这个角色，在元代有关包公的系列杂剧中找不到，在现存的最早的有关包公故事小说《百家公案》中也没有，即使到了晚清说书艺人石玉昆创作的《三侠五义》里，也仍然没有这个包公侄子。因此完全可能是到了20世纪初叶的清末民初，包公铡包勉的故事才开始成型。

因此，这类剧目中的故事和人物，与其说是"历史"或"传统"，倒不如说是20世纪初这一特定时期民间百姓所希冀、所盼望的"愿景"。

那么这一特定时代发生了什么？稍有近代史知识的读者都知道那是一个什么时代。传统的朝廷权威荡然无存，有威信的近代化政府则尚未出现，社会上最有势力的是掌握枪杆子的军阀集团。可以说，这是一个大规模的"丛林时代"。

这也是一个普遍对于法律制度失去信心的时代。传统的法制已经土崩瓦解，而清末及民国政府匆忙引进并公布的一些西方的法律基本上还只是一种"书面法律"，既不被百姓所理解，更不被百姓所信任。尤其是在民国初年的军阀混战往往是打着"宪政""法统"的旗号进行的，结果是使全社会普遍对引进的近代法治丧失信心。

于是丛林时代的法则发生作用：直接的暴力锄奸更被百姓推崇。百姓希望看到一切罪恶都以直接的暴力消灭，不再需要起码的程序，也不需要依据哪怕是一条明确的法律，只要包公叫一声"铜铡搭定"就行。

丛林时代就如同中国民众熟悉的水浒山寨一样，民众盼望的是出现一个具有全权、不受任何制约的权势者来伸张正义。因此这一时代出现的包公形象和以往传统戏曲、小说中的那个能够通阴阳两界的大侦探不同，故事情节的主题也不再是疑案的侦破，而是包公与权贵之间的冲突。包公铡刀的目标也不再是一般的罪犯，而是指向了权豪。再说得明白点，实际上观众们赋予包拯的，是一个他们心目中的好皇帝的形象，只是因为已经到了民国时代，社会舆论上已经不再能够直接接受好皇帝统治而已。

由于1949年后演出的传统戏剧剧目进行了大规模的整理，很多涉及迷信鬼怪或者是被认为宣扬"封建道德"的包公戏剧目被封存不再上演，而主持正义、对抗权贵的包公戏则在进行修改后继续上演并流传，于是惯用铡刀来实现正义的包公得以逐渐成为整整几代人所熟悉的艺术形象，而这些包公戏里完全于史无据的情节，也被当作了中国传统法律文化的象征。说起来，这本身恰恰又是一种值得大加分析的法文化现象。

后记

书末要声明的一件事是，我绝不是一个戏剧史的研究者，甚至也算不上一个传统戏曲的爱好者。作为50后的一代，我从小熟悉的是8个"样板戏"，到了青春时代结束的时候才知道一些传统戏曲故事。而这些传统戏曲里，就有不少是包公戏。

包公作为历史上最著名的法官，是我在平时教学中经常要涉及的我在20世纪90年代初写过一本《古代法官面面观》（上海古籍出版社，1993年），里面就专门写过一段包拯，当时就觉得历史人物包拯与文艺形象包公的差别实在是太大了。后来在写一些有关法文化的书籍时才开始比较完整地接触包公戏，逐步对一些最著名的包公戏做过一些分析，比如《中国法文化漫笔》（东方出版中心，1999年）、《非常说法——中国戏曲小说中的法文化》（中华书局，2007年）。

本书的主要推动力来自于"触电"。2011年中央电视台第十二套社会与法频道的《法律讲堂》栏目决定开办一个"文史版"，找到我作为主讲之一。当时报的题目里就有包公戏系列。在陈德鸿、张振华等栏目编导的一再鼓励催促下，我陆续准备了近20集有关包公戏中法文化的节目，顺利录制后于2012年间播出。不过我在做节目的时候一般并不写一个完整的讲稿，只是准备素材和讲解要点，所以后来《文史天地》编辑王封礼先生来电索稿时，我实在是无稿可予，只好重新另起炉灶，逐篇编写，得以在2013—2014年间在《文史天地》杂志上连载。

本书挑选20个包公戏剧目进行法文化方面的分析，但这并不能算是一个包公戏的完整、深入的研究成果。不过戏剧本身是大众化的文艺形态之一，法律本来也应该是一门最大众化的学科，将生动的艺术形式和最贴近人生的学科做成普通人看不懂的"高头讲章"，未免有点"煞风景"。所以我由衷地希望读者能够从本书中获得阅读的快乐，进而达到"开卷有益"的境地。

郭建

2015年10月